中国矿业大学双一流文化传承创新专项课题

“大思政”格局下中国矿业大学与徐州矿务集团人才共育研究

乌金之海的矿大力量

——工业文化视阈下的校企合作研究

杜未未　著

中国矿业大学出版社

·徐州·

内 容 简 介

从“实业救国”到“摸着石头过河”，再到“科研兴邦”，徐矿与矿大实则代表着中国能源资源行业发展最为典型的路径：实践与科技、实干与创新、实业与前沿。值中国矿业大学在徐办学 40 周年、徐州矿务集团成立 140 周年之际，本书从校企合作历程、大国工匠、党员模范、管理改革、科技创新、人才共育等主题入手，讲述矿大校友在徐矿的成长历程、矿大科研团队与徐矿集团的合作攻关，以及传统能源行业转型过程中矿大与徐矿的时代使命。以真实、生动、温情的讲述，展现矿大“崇德尚学”的校训、“好学力行，求是创新”的学风。

图书在版编目(CIP)数据

乌金之海的矿大力量：工业文化视阈下的校企合作研究/杜未未著.—徐州：中国矿业大学出版社，2023.12

ISBN 978 - 7 - 5646 - 6082 - 6

Ⅰ. ①乌…　Ⅱ. ①杜…　Ⅲ. ①高等学校－产学合作－研究－中国　Ⅳ. ①G640

中国国家版本馆 CIP 数据核字(2023)第 241854 号

书　　名　乌金之海的矿大力量——工业文化视阈下的校企合作研究
著　　者　杜未未
责任编辑　夏　然
出版发行　中国矿业大学出版社有限责任公司
（江苏省徐州市解放南路　邮编 221008）
营销热线　(0516)83885370　83884103
出版服务　(0516)83884895　83884920
网　　址　http://www.cumtp.com　**E-mail**:cumtpvip@cumtp.com
印　　刷　广东虎彩云印刷有限公司
开　　本　787 mm×1092 mm　1/16　**印张** 15.25　**字数** 284 千字
版次印次　2023 年 12 月第 1 版　2023 年 12 月第 1 次印刷
定　　价　50.00 元

目　录

大国工匠篇：艰苦奋斗，勇于担当

管理改革篇：崇德尚学，坚守使命

科技创新篇：好学力行，追求卓越

精诚育人篇：求是务实，传承情怀

引　言

2017年12月13日，江苏省徐州市贾汪区潘安湖湿地公园，迎来了一次特别的“检阅”。潘安湖神农码头上，习近平总书记和随行人员亲切交流，听取了塌陷区整治和资源枯竭型城市转型发展情况汇报。曾经荒芜的采煤塌陷区，经过生态修复，已经蝶变为绿水青山，在寒冬中显得格外生机盎然。“经济要上台阶，生态文明也要上台阶。”习近平总书记的殷切期望，为开展生态文化、工业文化、城市文化建设的实践者们提出了更高的发展要求、更新的追求目标。

潘安湖旧貌换新颜的背后，包含着徐州市坚定不移促发展、持之以恒促生态的道路选择，蕴含着徐州矿务集团的绿色闭坑理念，弘扬着中国矿业大学的科技攻坚精神。在校、地、企三方的紧密合作中，不仅凝结了矿业人的理想信仰，更爆发出能源资源行业的中国力量，同时，也在产业实践中升华出工业文化创新的理论探索之路。

当工业革命拉开人类现代社会的序幕，工业文化日渐成为国家软实力的重要组成因素，21世纪以来，发展工业文化成为塑造中国工业新形象的新追求。

然而，在实现高质量发展的征程中，如何将工业建设过程中的典型人物与典型案例加以提炼，从而讲好新时代中国故事、弘扬大国工匠精神，进而实现理论体系建构与工业文化传播，仍是业界与学界共同面临的挑战。

工业文化作为一个跨学科研究领域，概念内涵丰富，研究方法多元。如果说狭义的工业文化聚焦于由工业生产活动产生的意识、观念、制度，那么广义的工业文化则辐射出工业生产过程中人类创造的物质、精神产品之总和。其中，既涉及到时代性、行业性、地域性的工业文化之变，也演绎出人与人、人与企业、人与科技、人与自然等诸多子命题。就研究方法而言，社会学、传播学、心理学、伦理学、文学、哲学、史学等人文社会科学均可为工业文化研究提供理论依据与方法指引，可见工业文化虽然产生于工业活动，但在漫长的发展过程中，已形成独立于生产实践之外的知识逻辑。

这种知识逻辑一方面是跨学科、跨领域、跨时代的，需要集各研究领域之长，多维度地剖析审视人们对于“工业”的认识、“工业”在不同时代的内涵衍生与价值旨归，以及“工人”“工厂”等与工业相伴生的各类主体的形象构成；另一方面工业文化的知识逻辑可以反作用于工业建设的创新与迭变，工业文化的发展时而滞后于工业实践，时而超前于具体的工业生产，世界各国的历史经验已经表明，来源于生产活动的理性认知往往成为一个企业、一个行业乃至一个国家走向兴盛的催化剂，工业富民的故事无数次成为民生问题的答案，工业强国的传奇正在成为现代社会发展的精神动力之一。当前，工匠精神、劳动精神、企业家精神等精神文明建设蓬勃发展，工业遗产、工业设计、工业旅游等文化活动日新月异，工业文化研究既需要历史的眼光，对工业史进行归纳与总结，也需要立足此时此地，对工业实践中的人物与案例进行记录与阐释。

中国矿业大学与徐州矿务集团的校企合作研究，正是一份生动而复杂的工业文化案例。翻阅厚重的史志，字里行间中写满了徐矿的锐意进取、矿大的厚积薄发，从红色中国一路走来的两个名字，在改革春风的照拂下，成长为乌金之海的擎天顶梁。这是风格如此迥异的两条路，一条铺满了煤炭工人抖落的汗水与煤渣，一条晕染着实验室里无数个通宵之夜的点点灯光；这又是风格如此一致的两条路，数次交集，频频相望，见证着中国煤炭行业从无到有的摸爬滚打，见证着中国矿业一路赶超的风雨兼程。从"实业救国"，到"摸着石头过河"，再到"科研兴邦"，徐矿与矿大实则代表着中国能源资源行业发展最为典型的两种路径：实践与科技，实干与创新，实业与前沿。

那么我们又应如何记录这份工业文化案例？如何讲述时代变迁中科技发展背后的人物命运？如何挖掘宏大工业史之外个案研究的独特性？如何规避工业文化理论研究可能产生的晦涩与狭隘？

当我们立足于工业文化的视角，重新爬梳矿大与徐矿的校企合作历程，重新调研徐矿产业升级后的行业版图，重新以口述史的方式走进矿大校友的徐矿生活……研究视野的广度，讲述方式的温度，故事内核的深度，成为这一次案例研究的出发点，指引着我们以报告文学的方式呈现校企合作案例，以工业文化的内核审视历史发展进程，最终落脚于在个案中提炼工业精神图谱，重塑工业、工人、工厂形象，激发工业文化的文学潜力，提升工业文化的传播效能。

在中国文学发展史中，工业题材曾被赋予光荣的使命与责任，也曾在社会变奏中走向失语或苏醒，始终不变的是"工业"与国家、民族、社会、历史等宏大命题的息息相关。工业题材的独特地位，也反映着工业文化在历史语境中的现实境遇。

对于矿大与徐矿而言，无论是产业转型过程中传统企业的改革阵痛，还是科研攻坚历程里行业特色高校的艰苦卓绝，抑或是校企双方携手并进时的差异、合作与包容，均展现出工业文化的精神表征。1882年至2022年，徐矿工人艰辛创业，咀嚼辛酸，为民族开采光明。1909年至2022年，矿大师生历经十四次搬迁、十二次易名，为行业铺就希望。1982年，矿大与徐矿在徐州相见，因地缘而相识，因学缘而相知，因共同的矿业理想、强国梦想携手相伴，四十年的踔厉前行，凝结的是中国能源资源行业转型与加速发展的时代缩影。

以工业文化视域观照校企合作研究，以报告文学的方式呈现校企合作案例，不仅可以为工业文化研究积累经验，也是一次将工业文化研究纳入高校文化建设的尝试。作为能源资源特色高校，中国矿业大学肩负培养高素质科研人才与工业人才的职责，传承工业文化、弘扬工业精神、传播工业价值同样是校园文化建设的关键环节。习近平总书记指出，要注重文化浸润、感染、熏陶，既要重视显性教育，也要重视潜移默化的隐性教育，以工业文化研究为基点，有助于构建校园形象，深化育人内涵，以“研”为主，以“学”为根，以“用”为本，进而全面提升从业者的工业文化素养。

因“矿”结缘：矿大与徐矿合作共赢的历史脉络

“教育、科技、人才是全面建设社会主义现代化国家的基础性、战略性支撑。必须坚持科技是第一生产力、人才是第一资源、创新是第一动力，深入实施科教兴国战略、人才强国战略、创新驱动发展战略，开辟发展新领域新赛道，不断塑造发展新动能新优势。”

——2022 年 10 月 16 日，习近平在中国共产党第二十次全国代表大会上的报告

开端(1978—1982):因地制宜、因矿结缘的校企共建契机

四十载筑梦徐州,四十载砥砺前行,故事的开始,来自一片乌金之海,来自一阵改革春风,也来自一座百年老校的奋斗与不屈,以及一家百年国企的忠诚与坚守。

溯源:苏轼勘查徐州煤炭

徐州与煤矿的缘分,源自一位名震千古的文人——苏轼。

世人眼中的苏轼,是胸怀“一点浩然气,千里快哉风”的疏阔才子,是挥就“会挽雕弓如满月,西北望,射天狼”的豪迈男儿,文思敏捷,才华横溢,却往往忽略了东坡居士为国计民生立下的汗马功劳。

宋神宗熙宁十年(公元 1077 年)四月,42 岁的苏轼调任徐州,成为执掌一郡的地方长官。苏轼一生几经贬斥,多番迁移,虽然仅在徐州任职两年,却体恤民情,助民解忧,为徐州百姓做了不少实事。1077 年夏,黄河决堤,苏轼带头筑堤护城;1078 年春,又遇旱灾,苏轼查寻水源修筑水库;到了冬天,等待徐州百姓的是连降大雪的严寒,继抗洪、抗旱之后,抗寒成了苏轼的心头大患。

苏轼开始组织人力，四处勘探，终于在元丰元年（公元 1078 年）十二月于徐州西南的白土镇（今属安徽萧县）发现了煤炭，苏轼激动万分，写下了流芳百世的《石炭》：

石炭·并引

彭城旧无石炭。元丰元年十二月，始遣人访获于州之西南白土镇之北。以冶铁作兵，犀利胜常云。

君不见，前年雨雪行人断，城中居民风裂骭。
湿薪半束抱衾裯，日暮敲门无处换。
岂料山中有遗宝，磊落如磬万车炭。
流膏迸液无人知，阵阵腥风自吹散。
根苗一发浩无际，万人鼓舞千人看。
投泥泼水愈光明，烁玉流金见精悍。
南山栗林渐可息，北山顽矿何劳锻。
为君铸作百炼刀，要斩长鲸为万段。

徐矿集团总部的徐矿展厅，不仅将这首《石炭》诗作为参观的起点，还配以徐矿画家凌海创作的油画《石炭诗情》，来纪念苏轼对徐州煤炭行业的开创性意义。

发现煤炭，不仅解决了天寒地冻中百姓的燃眉之急，也对地方发展影响深远。徐州自汉代开采铁矿，已形成伐薪烧炭、采矿冶铁的手工业模式，煤炭的发现，解决了木炭炼铁的炉温限制，促进了冶铁技术的进步，为地方农事生产提供了农具，也为北宋保家卫国提供了武器。

此外，苏轼的《石炭》诗中，也隐藏着古代中国“绿色理念”的萌芽，一句“南山栗林渐可息”，道出了一位士人的超前眼光，以及一位诗人关怀自然的诗心。

2021 年 11 月 13 日，中国矿业大学人文与艺术学院苏轼研究所一行 17 人，前往安徽萧县白土镇进行考察，追寻苏轼足迹，探访煤炭遗址。校党委原书记、苏轼研究院院长罗承选，校党委副书记、苏轼研究院副院长蔡世华，苏轼研究院常务副院长管仁福，苏轼研究院副院长闫续瑞，校党委宣传部副部长赵保全，以及人文与艺术学院的文艳蓉、邓心强、李素琴、李贞老师，共同带领学生，重拾苏轼的文化遗存，增强对“国情、社情、民情”的研判。

徐州煤炭开采历史悠久，到了 1880 年，贾家汪（今徐州市贾汪区）境内发现

徐矿展厅

苏轼寻石炭旧址

中国矿业大学苏轼研究所探访煤炭遗址

煤苗，当地人周勉与人合挖一露天采煤坑，采煤出售。1882 年，在两江总督、南洋通商大臣左宗棠的支持下，徐州道程敬之邀请候选知府胡恩燮，在徐州开办“利国煤铁矿务局”，至今 140 年的徐矿传奇由此开端。1883 年，刚刚承办徐州矿务的胡恩燮买下周勉等人的煤坑，在贾家汪开土煤窑 8 座。[①] 徐州近代煤矿建设正式起步，千里煤海沉睡万年后重见天日，成为近现代中国救亡兴邦的重要力量。

机遇：抓住改革先机，迁往徐州建校

1978 年，改革春风吹拂大江南北，也为矿大带来了搬迁徐州的好消息。

“文革”期间，中国矿业学院从北京迁往四川，在华蓥山三汇坝开山建校，艰苦办学。随着恢复高考，自建校舍愈显拥挤，实验器材愈加稀缺，相比于外面世界的日新月异，学校山下的小镇里，依旧只有一个 50 平方米的新华书店，这就是矿院师生沟通外界、获取新知识的唯一渠道。买不到新书，买不到新仪器，接触

① 董献吉：《徐州百年大事记》，复旦大学出版社 1989 年版，第 1 页。

不到科技前沿,远比酷热、潮湿、简陋的环境更让师生忧虑。

华蓥山矿院旧址

一些老教师沉痛感叹:“当今之世,科学技术发展一日千里,我们在三汇坝一呆就是八年,业务水平不进则退。这种情况再不改变,别说与世界先进水平相比,我们恐怕就会连‘文革’前的水平都不如了!”①走出华蓥山,闯出新路子,成为每一个矿院人的共识。

矿院师生的呼吁逐渐受到党中央的重视。1977 年底,煤炭部、教育部有了较为明确的迁校意见,但此前的北京校址不仅面积有限,且已划拨一半区域给其他学校做校舍,矿院想要迁回北京,希望渺茫。同时,国家对于“地、矿、油”等行业高校的发展,寄予了贴近行业实践、发挥特色优势的期待。1978 年 3 月 2 日,煤炭部、教育部联合向方毅同志和邓小平同志呈送了《关于拟将四川矿业学院迁往江苏省徐州矿区建校的请示报告》,报告中明确指出矿业学院迁往徐州的战略意义:

“徐州是我国煤炭工业重点发展地区之一,交通方便,地点适中,距江苏的丰沛、上海的大屯、安徽的两淮、山东的兖州、河南的平顶山等大矿区都比较近,办学条件较好。把煤炭重点高等学校放在那里,有利于建立教学、生产、科研三结合的新体制;同时,可就近参加建设徐州、兖州和两淮煤炭基地的会战,在三大革命斗争实践中,培养和造就又红又专的技术人才,更好地为全国煤炭工业服务。”②

关于徐州的校址,学院党委常委会多次研讨,并与徐州市委数次协商,决定在淮海战役纪念馆以南的郊区、奎山公社一带建校,即如今的中国矿业大学文昌

① 《中国矿业大学史(1909—2009)》,中国矿业大学出版社 2009 年版,第 278 页。

② 中国矿业大学档案馆,1978-2-696,第 1-18 页。

校区。这一位置是矿院领导慎重考量的结果，此处地基条件优越，处于石灰石基岩上，防震抗震，承载力强；建筑取材便捷，山上的石灰石可作为围墙、道路的碎石，方便就地取材；施工基建完备，路、水、电三通兼具，三面环绕公路。有徐州市这一煤炭工业重要基地做后盾，矿大师生对学校的未来充满信心。

同一时期，徐州矿务局成功跻身全国年产煤炭千万吨大局行列，进一步奠定了其在全国煤炭版图中的重要地位。

1978 年 12 月 18 日至 22 日，中国共产党第十一届三中全会在北京召开，重新确立了马克思主义的思想路线、政治路线和组织路线。次年 1 月，矿业学院党委下发《关于学习、贯彻党的十一届三中全会公报精神的初步安排》，坚决响应号召，稳定局势、解放思想、加快步伐，工作重心重新回归教学与科研事业。

此时矿业学院辗转办学的历史遗留问题尚未解决，师生设备分散于三汇坝、重庆、徐州、北京四地，加速徐州校区施工建设速度，汇集师生力量办好重点大学，已刻不容缓。矿业学院提出“两年建成，三年收尾”的建校目标，争分夺秒搞建设。

结缘：矿大与大矿，地缘与学缘

1980 年 9 月，中国矿业学院徐州新校区迎来了第一届新生，他们是来自全国 20 个省市的 515 名新生，不同于恢复高考的前两届学生，80 级新生多为应届高中毕业生，年龄普遍偏小，平均年龄 16.97 岁，最小的只有 14 岁。矿大迎来了新的校址，也迎来了新鲜血液和崭新希望。

时任徐州矿务局副局长的陈引亮，是北京矿业学院时期的校友，辗转多年，历经磨难的矿院和杰出学子在徐州重逢。此时的徐矿集团，积极涌入改革浪潮，无畏探索，敢于创新。1979 年，率先采用光爆锚喷、可控硅快速充电机、侧式进水防尘煤钻等新技术，大幅提高生产效率；1980 年，获得上半年全国统配煤矿单产、效率等六项冠军。学院专门请来陈引亮，为刚刚迈入大学的学弟学妹们作报告，陈引亮结合徐州矿务的工作实践，介绍了煤炭行业的发展远景，也激励矿大学子们为实现煤矿现代化而努力学习。

这一时期，矿大与徐州矿务局因地缘而结识，因学缘而亲切，因共同的矿业追求，走向合作与共赢。

1981 年 5 月 3 日，煤炭工业部颁发《煤炭高等学校中等专业学校学生生产实习暂行办法》,后续文件强调厂、矿、企事业单位认真安排落实学生生产实习。11 月 21 日,在全国煤炭工业计划会议召开期间,煤炭部副部长于洪恩主持召开了关于组织生产、科研、教学三结合基地问题的会议,列出了三结合基地的名单,其中中国矿业学院与徐州矿务局、淮北矿业局、淮北指挥部组成三结合基地。1982 年 9 月 6 日,中国矿业学院向煤炭部提出与徐州矿务局开展生产、教学、科研协作的请示报告,认真弘扬办学新精神。1983 年 1 月 31 日,中国矿业学院又向煤炭部高扬文部长、于洪恩副部长和教育司递交了《关于我院和徐州矿务局、淮北矿务局、淮北指挥部科技协作项目的请示报告》,推进产学研科技协作,初见成效。

1982 年初,中国矿业学院彻底结束了三汇坝历史,校本部集中到徐州新校址办学,顺利实现办学重心的转移。短短几年,淮海大地多了一座气势恢宏的现代化高等学府,徐州矿务局也结识了一家携手共进的亲密战友。在至今的四十年间,矿大与徐矿通力合作、互助共赢,创造了一项又一项行业奇迹,书写出一个又一个感人故事,爆发出乌金之海的中国力量。

1984 年 9 月 1 日,徐州校址一期基本建设工程已完工,学校向煤炭部递交了《请对我院建设工程进行验收的报告》,还先后向邓小平和方毅呈送了竣工典礼邀请函和新校园照片。12 月 21 日,学院新建成的图书馆成为建设验收会的会场。22 日上午 9 点,举行了盛大的竣工典礼。

中国矿业学院竣工剪彩仪式

竣工典礼上，煤炭部部长高扬文致辞并强调："煤炭院校要为母体服务，这个母体就是煤炭工业。中国矿院是我国最早的煤炭院校，目前也是规模最大、力量最强、条件最好的煤炭院校。过去，学院为煤炭教育及煤炭工业的发展作出了很大的贡献，在改革开放的新的历史时期，要作出新的更大的贡献。希望中国矿院站在煤炭教育改革的前列，成为煤炭高等院校的样板学院、模范学院。"①

曾任焦作工学院董事长、煤炭工业部总顾问的孙越崎先生出席了典礼，并为学校题词："第一流矿院培养第一流人才。"此时已经 91 岁的能源工业奠基人，对矿大寄予了无限期待。

竣工典礼期间，时任中国科协副主席、中美国际工程公司总顾问的华罗庚教授也为矿大题词"学而优则用，学而优则创"，深刻影响了矿大学子的理想追求，凝结为极具矿大特色的办学理念。

① 高扬文：《在中国矿业学院竣工典礼上的讲话》，中国矿业大学档案馆，档案 8-330，第 140-144 页。

发展(1982—2000):
响应时代战略,打造行业先锋

1983年,矿大和徐矿响应时代号召,自改革开放以来奋力进取,均取得了可喜成绩。8月的全国煤炭科技大会上,中国矿业学院荣获煤炭工业科技优秀成果一等奖6项,周世宁、陈清如、单忠健获评全国煤炭系统专业技术干部。而徐州矿务局,这一年更是代表中国煤炭行业迈出了关键一步,率先开展经济总承包,在矿大校友陈引亮的推动下,徐州矿务局突破了计划经济煤炭产品统一销售、统一价格的“统配”模式,为全国煤炭系统经营发展开辟了新道路。

时代召唤中的矿大与大矿

1984年7月1日至2日,中国共产党中国矿业学院第8次代表大会在徐州新校园电教馆胜利召开。大会由院长彭世济主持,魏同致开幕词。煤炭部教育司负责人郑昌荣、徐州市委副书记廖文才到会祝贺并讲话,矿院以《振奋精神,勇于改革,搞好整党,努力开创我院工作的新局面》为题作工作报告,总结了自1972年学院召开第七次党代会以来11年间的学院发展史,并提出学院下一阶段的奋斗目标:形成教育、科研两个中心,把学院办成有特色的,以工科为主,理、工、文、管相结合的矿业大学，力争在全国工科高校中达到比较先进的水平。徐州矿务局、徐州师范学院、华东输油管理局等兄弟单位的负责同志也在大会上致辞以示祝贺。

1985 年 9 月 18 日，中国矿业学院举办了首届国际采矿科学技术讨论会，为煤炭行业的国际交流拓展渠道。来自美国、波兰、荷兰、澳大利亚、日本、加拿大等国家的 270 多位采矿专家学者汇集一堂。徐州市市长何赋硕在国际采矿会议上致辞，对与会的贵宾表示欢迎和问候。煤炭部副部长叶青以《中国煤炭工业的发展与展望》为题作了报告。徐州矿务局局长陈引亮作了题为《从徐州矿区的发展论矿井技术改造》的报告。

搬迁徐州后，中国矿业学院十分关注学生的职业发展道路，1986 年 6 月 4 日至 6 日，中国矿业学院召开了校友座谈会，190 名历届优秀校友来到矿大新校区，欣喜于母校的巨大变化，也对学校的辛勤培育予以好评。宁夏煤炭厅、湖南煤炭厅、徐州矿务局、平顶山矿务局、山东煤矿设计院、煤炭部情报所等用人单位的代表，高度赞扬了矿大毕业生的思想觉悟、专业技能与敬业精神。前往五湖四海的矿院学子，早已在各个岗位成长为中坚力量，为祖国煤炭事业的兴盛作出了突出贡献。其中，徐州矿务局是毕业生入职较多的一家单位，达到 300 多人，60 年代以前的毕业生大多已在领导岗位上发光发热，近几年新入职的年轻学子也有 45 人，他们安心现场工作，热爱煤炭事业，成长为技术骨干，短短几年在现场入党的有 10 人，已被提拔为科区级干部的有 15 人。

中国矿业学院结合毕业生就业的现实情况，意识到计划经济体制下的毕业生统一分配制度，已不适合社会主义市场经济的发展趋势，于是，首次毕业生分配供需见面会于 1987 年 4 月召开。打破由国家包分配的就业模式，毕业生与用人单位双向选择，中国矿业学院邀请了省煤炭系统的设计院、科学院、研究院、高校和矿务局公司、煤机厂、地质局等单位以及煤炭部干部司、教育司、徐州市有关负责人等 70 多人，开放了 6 个专业作为试点。次年 4 月，矿院再次召开供需见面会，开放专业增加到 9 个，对一些热门就业岗位，以公开招聘的方式保证公平、公正。

为了切实提高学生的实践水平，中国矿业学院相继开展多种社会实践活动，徐州矿务局成为矿大学子实践学习的重要平台。1986 年，共青团江苏省委组织江苏省大学生社会实践活动成果展览，中国矿业学院有 16 个项目参加了展出并获奖，被团省委评为大学生社会实践活动先进单位，其中采矿系部分学生设计的“徐庄煤矿通风网络系统”，获优秀成果一等奖。

1987 年暑假，中国矿业学院积极响应中宣部、国家教委、团中央号召，深入厂矿企业、农村开展社会实践活动。全校 2 000 名本科生及研究生有组织地分赴宁夏矿区、铁法矿务局、常熟市、沂蒙山区、安徽泾县、平朔露天煤炭公司、徐州矿务局等地,通过实地考察,撰写 200 余篇调查报告,内容涵盖人才培养、生产管理、体制改革、生态建设、计划生育、乡镇企业等诸多主题,展现出矿院学子兼济天下的广阔视野与勤学善思的专业素养。

1988 年暑假,中国矿业学院党委宣传部、学工处和团委组织 18 名教师和 76 名学生参加“百矿调查”活动,到江苏、黑龙江、河北、宁夏、山西、安徽、陕西、四川等 10 个省区,调查了 102 个地方煤矿,搜集了地方煤矿在生产设备、安全环保等方面的上万个数据和大量资料。这次活动不仅调动了学生实地学习的积极性,还鼓励大家运用所学专业知识,解决现实问题。走出书斋,培训讲座、技术咨询、科技转让成为学生们一展身手的舞台。活动过程中,矿院学子积极向地方煤矿介绍前沿科技成果,主动提供上千份技术资料,实地演练为矿区破解了许多技术难题,还与有关煤矿在地质勘探、矿山规划设计等方面达成了十几项技术合作协议。“百矿调查”活动也受到江苏省委、团省委的表彰。

一系列的社会实践活动,让矿院学子走出校园、深入社会,在实践中利用所学知识为经济技术服务,为矿产开采服务,为国家建设服务。此时,在校生人数已远远超出原计划的 4 600 人,达到 6 600 人。整体搬迁徐州 6 年后,励精图治、蓬勃发展的中国矿业学院,即将迎来更名的喜讯。

邓小平为中国矿业大学题写校名

1988 年 4 月 2 日,经国家教委批准,中国矿业学院正式更名为中国矿业大学,5 月 11 日邓小平为学校题写了校名。中国矿业大学进入了打造行业先锋的新阶段。

校董会助力"211 工程"建设

在中国高等学校发展史上，学校曾长期采用封闭办学模式，缺乏社会参与。在社会主义市场经济体制影响下，高等院校纷纷探索教育改革路径，中国矿业大学发挥行业特色高校优势，积极与煤炭企业、科研院所加强合作，创新产学研共育模式，"董事会"成为矿大倡导校企互惠、携手发展的新方式。1989 年 10 月 26 日，经中国统配煤矿总公司批准，中国矿业大学董事会成立大会在学校举行。董事会由 40 个董事单位的 45 名董事组成，董事单位主要是煤炭大省的煤炭管理局、千万吨以上的矿务局，还有大型煤炭机械厂、选煤厂、专业公司和科研设计单位及部分跨系统的有关大型企业。陈引亮作为徐州矿务局的负责人，成为中国矿业大学首批董事之一。

自 1989 年起，徐州矿务局及其他董事单位，在物质、经费等方面对矿大提供支持，学校也优先为企业培养、输送急需人才和技术服务。到了 1995 年，董事会年会多了一个令人振奋的议题。这一年教师节前夕，中国矿业大学照例举行教师节庆祝大会，会上煤炭部副部长范维唐宣布中国矿业大学"211 工程"正式启动，江苏省委领导、徐州市领导，以及各兄弟单位负责人，出席并祝贺。9 月 24 日，以共建中国矿业大学"211 工程"为核心内容的董事会在北京顺利召开，徐州矿务局局长陈引亮作为常务董事单位的代表出席。《煤炭高等教育》期刊在当年第 4 期开篇记录了这一年会盛况：

"煤炭部党组十分关心、重视这次董事会年会的召开，王森浩部长、范维唐副部长出席了会议并作了重要讲话，对煤炭企事业单位联合共建中国矿业大学作出了具体指示，提出了明确要求，并分别担任了董事会的名誉董事长和董事长……年会明确了'211 工程'建设不只是中国矿业大学本身的事情，而是全煤炭行业的事情。建好中国矿业大学，积极推进其'211 工程'建设，对提高整个煤炭行业科技教育水平、促进煤炭工业现代化建设都具有重要作用和深远影响。全煤炭行业都应该关心、支持中国矿业大学的建设和发展，集中力量重点扶持，把中国矿业大学建好。"①

董事会商议决定综合利用煤炭部倾斜投资、增列专项经费、董事单位资助等

① 《中国矿业大学董事会 1995 年年会综述》，《煤炭高等教育》1995 年第 4 期，第 1 页。

渠道筹措经费,支持中国矿业大学的学科建设、师资队伍建设、图书资料建设、重点科研项目建设。10月9日,煤炭部发布《关于转发中国矿业大学董事会1995年年会有关文件的通知》,肯定了企业与高校的联合共建,认为“部属院校与企业建立长期、稳定、实质性的合作关系,可以双向参与、优势互补,对学校的发展和企业的人才培养、科技进步都有深远的意义。”这也意味着“科教兴煤”战略顺利落地,成功推行。

在这期间,中国矿业大学与徐州矿务局也开启了科研领域的项目合作。《徐州矿区夹河煤矿7417工作面矿山压力监测》项目荣获“1992年度江苏省科技进步四等奖”;1994年10月23日,矿大余力教授课题组开展的“八五”国家科技攻关项目“徐州新河二号井煤炭地下气化半工业试验”研究通过鉴定,并得到江泽民等国家领导人和钱学森等科学家的重视与肯定;1997年,徐州矿务局与中国矿业大学开展“徐州矿区奥灰富水规律及综合防治水技术研究”,在充分认识奥灰富水规律的基础上,采取综合防治水措施,有效规避了奥灰突水事故,节约了大量直接治理费用,研究成果达到了国际先进水平。

在中国矿业大学成功晋升“211高校”的同时,徐州矿务局也在发展改革的征程里狂飙突进。1992年,徐州矿务局率先放开煤炭价格市场走向市场,为全国煤价放开探路,作为行业先锋,掀起“大改革、大开放、大发展”的浪潮,被国家六部委核定为全国首批特大型企业;1997年,徐州矿务局被国家煤炭部命名为“质量标准化局”;1998年,徐州矿务局改制为国有独资公司——徐州矿务集团有限公司,成为独立自主经营、参与市场竞争的主体。

1996年,矿大校友陈引亮从徐州矿务局卸任,而后出任江苏省政治协商委员会常务委员、经济委员会副主任,直至2001年退休。接替他领航徐矿的,是同为北京矿业学院的校友刘玉景和闵长江,徐矿集团与矿大继续保持紧密联系。1997年5月8日至9日,中国矿业大学第十次党代会在徐州校本部召开。煤炭部党组向大会发来了贺信,煤炭部科教司副司长牛维麟、中共江苏省委教育工委副书记葛高林、徐州矿务局党委书记刘玉景等出席大会并发表讲话,对中国矿业大学第十次党代会的胜利召开表示热烈祝贺,矿大与徐矿进一步续写合作新篇章。

这一时期,身处历史洪流中的矿大与徐矿,各自奔波,相互扶持,以校友为纽带,以煤炭为媒介,初步摸索着产教研并进的共赢之路。

繁荣(2000—2017):合作平台多元化,合作机制体系化

进入21世纪,中国矿业大学与徐矿集团的合作不断深化,此前近二十年的合作历程,为建设成体系的合作机制打下了坚实基础。

1999年中国矿业大学举办了建校90周年的庆典,5月18日,江泽民为学校建校90周年亲笔题词:"开拓创新,严谨治学,把中国矿业大学办成一流的能源科技大学"。10月9日,政协全国委员会副主席钱伟长及国家有关部委负责人亲临校庆典礼,4 000余名校友从祖国各地奔赴而来,共庆母校华诞,这一年的校庆文艺晚会,名为"风雨世纪行",正是矿大在20世纪经受风雨洗礼、依旧励精图治的缩影。

2000年,中国矿业大学成为教育部直属高校。2月12日,国务院办公厅转发了教育部等部门《关于调整国务院部门(单位)所属学校管理体制和布局结构实施意见的通知》,将中国矿业大学徐州、北京两地三校园以"独立建制划转教育部管理"。由此,中国矿业大学结束了由行业主管部委管理办学的历史,成为教育部直属的72所高等学校之一,实现了学校管理体制的历史性重大转变。[①]

---

① 《中国矿业大学史(1909—2009)》,中国矿业大学出版社2009年版,第438页。

共享研发,加强科研项目合作

作为淮海地区煤炭重镇的徐矿,和作为行业顶尖高校的矿大,经常在项目合作上相互学习,从参与鉴定,走向经验共享和合作研发。一个个历史节点,见证着校企合作的共赢脉络:

2001 年 3 月 23 日,徐矿集团和三河尖矿共同完成的“CTYZB-U 型斜巷提升机综合保护装置”“主井定量装载系统设计”两项科研成果,邀请了中国矿业大学有关专家与江苏省煤炭工业局组成科技委员会共同鉴定。

2001 年 9 月 18 日,徐矿庞庄煤矿和中国矿业大学共同研究的“松散破碎复合顶板煤巷锚杆支护新技术”获“2001 年度江苏省科学技术进步二等奖”。

2002 年 10 月 25 日,徐矿集团和中国矿业大学合作完成的“电磁辐射预测冲击矿压技术研究”通过省级鉴定。

2005 年 7 月 26 日,徐矿集团和中国矿业大学合作研究的张小楼井“深井高应力破碎围岩回采巷道围岩控制技术”,通过了江苏省科学技术厅的科技成果鉴定。

2006 年,徐矿集团针对深部高温热害难题,与中国矿业大学(北京)合作开发“HEMS 降温系统研发及深井热害控制对策研究”项目,成功降低井下温度 4～6 ℃,降低工作面相对湿度 5%～15%,HEMS 系统运行期间,无一例热害疾病及死亡事件出现,显著提升了经济效益与社会效益。

2007 年 3 月至 2008 年 9 月,徐矿集团委托中国矿业大学组织专门课题组,开展徐矿集团存量土地资源再开发研究,编制了《徐州矿务集团有限公司存量土地再开发策略研究报告》。

2008 年 11 月 30 日,徐矿集团和中国矿业大学共同完成的“新会计准则应用研究——《煤炭企业会计核算办法》设计”通过专家鉴定。该项成果实现了财政部《企业会计准则》体系在煤炭行业的深化,全面立体地反映了煤炭行业会计核算特征,经鉴定达到国内领先水平。

2010 年初,根据国家发展战略和江苏省物联网产业布局,徐州市政府决定依托徐矿集团的行业实力和中国矿业大学的科研优势,组织研发“感知矿山物联网产业”项目。通过各种感知、信息传输与处理技术,实现矿山的人与人、人与物、物与物的互联互通,从而提升矿山安全生产与运营水平。同年 10 月,徐州市政府、中国矿业大学、徐矿集团合资成立了江苏中矿智慧物联网科技股份有限公司，其中徐矿集团参股30%，并确定徐矿集团夹河煤矿为感知矿山物联网建设示范矿井，对矿用重大关键设备生产、运输、仓储、使用、维护进行全过程管控，并力图在井下人员精确定位、重大灾害预警、应急救护管理、煤矿空间数据三维分析等领域实现技术突破。

此外，矿大的专家学者也经常应邀前往徐矿参加研讨、举办讲座。

2005年4月14日，徐矿集团在三河尖矿召开冲击矿压防治技术研讨会，中国矿业大学教授、博士生导师、我国著名冲击矿压研究专家窦林名应邀出席，并作了冲击地压防治技术专题讲座。

2005年12月16日，徐矿集团邀请中国矿业大学文学与法政学院副院长杨思留教授，为基层各单位经营管理部门的有关人员讲授新《中华人民共和国公司法》修正案。

2007年6月15日，徐矿集团党委学习中心组成员和基层衰老矿井负责人听取了中国矿业大学教授常江关于衰老矿井资源开发与利用的知识专题讲座。

2011年12月27日，徐矿集团在徐矿大学举办领导干部培训班。毕业于中国矿大管理科学与工程专业的皇新海，已就任徐矿集团董事长兼党委书记，作了题为《突出创新驱动，建设崭新徐矿》的辅导报告。培训班还邀请中国矿业大学教授作专题学术报告，围绕综合机械化固体废弃物密实充填采煤技术研究与推广应用情况、煤矿锚杆锚固质量无损检测技术开发与实践等领域，为徐矿集团领导干部传递行业前沿信息。

亲密协作，互助日常管理

徐矿集团与中国矿业大学在日常管理方面，同样开展了日益亲密的协作。以2004年为例，7月13日徐矿集团在太阳宾馆举行坑口发电厂选址用地调研评价会议，中国矿业大学教授卞正富和江苏省土地学会秘书长姜正杰，以及江苏省土地学会法学分会、经济分会及省国土资源厅等有关专家、领导共同参加了调研评价。

10月16日，徐矿集团职工品行习练基地在徐矿大学落成。徐矿大学与中国矿业大学管理学院建立了长期合作关系，基地占地3 600平方米。年接待品行习练7 000余人次，其中外部客户600多人次，徐矿大学下设拓展部，对内为徐矿集团职工品行习练基地，对外为拓展训练中心。

徐矿大学外景

10月21日，徐州市委宣传部在徐矿集团召开学习十六届四中全会精神座谈会。徐州市委宣传部、市纪委、市委组织部和徐矿集团等领导，以及中国矿业大学等高校专家学者参加了会议。

12月3日，来自越南河内矿业大学的10名专家，在中国矿业大学教授周华强的陪同下深入庞庄矿进行选煤工艺考察。

12月12日，徐矿集团在太阳宾馆举办《煤炭科技》创刊100期庆祝活动。中国工程院院士、中国矿业大学教授陈清如，中国煤炭学会开采专业委员会秘书长汪理全、徐矿集团现任领导班子和老领导闵长江均参加了会议。

此后，徐矿集团领导干部的应聘选拔、技术设备的展览销售、物流产业的发展走向、学术会议的举办研讨，矿大都作为重要嘉宾派出代表参加，校企相辅相成，共谋行业发展。

齐心蓄力，打造“优秀函授站”

2001年11月13日徐矿集团矿大函授站被评为“中国矿业大学优秀函授站”。自从矿大搬迁徐州，徐矿和矿大在函授教育方面不断加强合作，时至今日，培育出一批批专业人才，奋斗在徐矿集团的骨干岗位，奉献在祖国山河的海角

《煤炭科技》杂志

天涯。

中国矿业大学的成人教育与函授教育，最早可追溯到1951年天津办学时期的厂矿企业干部专修班。1956年5月，经煤炭工业部和教育部批准创办高等教育函授，成立函授部。在四川办校期间，成人高等教育被搁置。直到1980年，煤炭部下发《关于恢复和发展煤炭高等函授教育的通知》，彼时矿院正在忙碌于迁校徐州，但依旧积极筹备恢复成人高等教育的相关工作，于当年5月成立培训函授部，6月向煤炭部提交请示报告，7月收到批复正式筹办。1980年制定"十年发展规划"时，矿院明确了函授教育主要在北方布点，设立采矿工程、工业及民用建筑、工业电气化及自动化、机械制造、选煤等专业，为煤炭系统培养专业人才。1981年6月，学校不仅恢复了函授、夜大招生，同时恢复和新建了北京矿务局、煤炭部机关、开滦矿务局、张家口煤炭机械厂、徐州矿务局5个函授站。在徐州办学的第一年，矿院在徐州矿务局等合作部门招收函授生329名。

徐矿与矿大的函授教育合作持续推进：1986年8月30日，徐州矿务局"职大"采煤班、"电大"审计班、科技干部外语进修班举行开学典礼；1987年12月20日，徐州矿务局职工第二批本科函授班毕业典礼在中国矿业学院举行，39名学生领取了毕业证书，其中22名获学士学位证书；1992年9月30日，徐州矿务局与中国矿业大学成人教育学院商定协办大专自费生班，考试合格者，由学院发给毕业证书……

1995年至1997年，中国矿业大学成人教育学院先后在函授教育、夜大教育两项评估中获"优良学校"称号，名列各煤炭高校之首。专家组给出的评价是：中国矿业大学举办函授、夜大学历史长、投入多、经验好、贡献大；教学管理严格规范，教学质量较高，办学水平较好，办学效益较大。1997 年 12 月，国家教委授予学校“全国成人高等教育评估优秀学校”称号，中国矿业大学也是 49 所被授予称号的普通高校中唯一一所煤炭特色高校。有了这些经验和资质，1999 年 4 月 8 日，江苏省教育委员会批复，同意中国矿业大学举办公有民办的中国矿业大学徐海学院，并于 1999 年秋季正式招生，矿大的办学层次进一步拓展。

据徐矿集团统计，1986—2000 年，徐矿在中国矿业大学开办采煤、机电、通风等 8 个专业 21 个函授教学班，共 541 人毕业；开办“电大”13 个专业（电子、机械、审计等）21 个教学班，共 567 人毕业；“职大”采煤班有 52 人毕业；师专、高师函授、中师函授等 8 个专业班，有 245 人毕业。而在 21 世纪的第一个十年里，徐矿集团有 12 个矿厂处（含新疆、陕甘、贵州区域煤矿）与中国矿业大学、南京工业大学、新疆联合大学等高校联合办学，为徐矿集团培养 3 000 余名大专及以上专业人才。

2009 年适逢矿大百年校庆，6 月 15 日下午，中国矿业大学与徐矿集团联合培养 2009 届大专班毕业典礼在南湖校区外文学院 102 报告厅隆重举行，中国矿业大学副校长秦勇激励 189 名毕业生“大胆拼搏，艰苦奋斗，牢记中国矿业大学的校风校训，继续为捍卫母校的荣誉而学习和发展”。

对于徐矿集团而言，“管理职工现在”不如“管理职工未来”，通过与矿大等高校进行函授教育、成人教育，提升职工的技术水平，培养职工的学习理念，帮助职工变“阶段学习”为“终身学习”。这不仅体现出徐矿的眼界与格局，也正是矿大筹办函授站的初衷所在。

振兴徐州，创办老工业基地资源利用与生态修复协同创新中心

2008 年 4 月，中国矿业大学与徐矿集团为了服务地方经济，与徐州市政府共同商议徐州老工业基地的振兴之道，徐州矿区塌陷地综合治理与生态修复工程不仅提上日程，围绕这一发展命题，校地企三方决定协力搭建研究中心。

首先，2008 年 9 月，中国矿业大学出台了“中德能源与矿区生态环境研究中心”建设方案，这是矿大与徐州市人民政府共建的非营利学术性研究机构，也是矿大在国际合作领域迈出的重要一步，徐矿集团也作为中方理事单位参与其中。

此前，矿大已建有深部岩土力学与地下工程国家重点实验室、矿山生态修复教育部工程研究中心、江苏省资源环境信息工程重点实验室等科研平台，为“中德中心”提供了坚实的前期基础。德国鲁尔地区高校的人才与技术，也在矿山开采、安全技术、生态环境等方面为老工业基地重焕生机贡献了技术支持。

2011 年 6 月至 7 月，受徐矿集团委托，中国矿业大学带领徐矿集团 23 名领导干部前往德国鲁尔工业区，展开首期“资源枯竭型企业转型”培训，实地考察了世界上曾经最大的能源基地鲁尔工业区各主要煤炭企业的转型路径，并邀请波鸿工业技术大学专家现场讲授，为徐州老工业基地转型储备经验。

2014 年 3 月，由中国矿业大学牵头创办的“老工业基地资源利用与生态修复协同创新中心”获批设立，徐州矿务集团有限公司作为重要的协办单位，充分发挥企业资金优势和工程实施优势，结合集团发展需求，一方面提出具体研究任务，另一方面提供科研项目资金保障。徐矿集团为“老工业基地资源利用与生态修复协同创新中心”的协同研究提供了试验、成果转化应用场所，也成为矿大学生最重要的实习实训基地之一。

卞正富副校长带队赴徐州矿务集团考察交流

“老工业基地资源利用与生态修复协同创新中心”致力于煤炭绿色开采、矿区生态修复科技发展重大问题研究，为老工业基地的发展提供技术、知识保障。总体建设思路全面而多元：“针对资源枯竭型城市面临的资源与环境双重约束，协同创新中心以徐州老工业基地为研究对象，以提高老工业基地资源绿色开发效率、提升生态环境修复水平和高效利用工业废弃地为目标；以残留资源绿色开采、土地复垦与生态修复、废弃工矿土地高效利用及生态环境监测等为主要研究内容;以示范工程建设为抓手,凝练重大科研项目,汇聚人才;以机制体制改革为突破口,以人才培养和队伍建设为基础,以科技创新为核心,以突破老工业基地发展的技术瓶颈制约为中心,建成老工业基地原始创新和关键技术研发的协同创新中心;构建人才聚集和创新驱动新模式,建立科研组织、人事聘任、人才培养、成果考核与评价等新机制,促进老工业基地区域产业结构调整和资源环境协调发展。”①

“老工业基地资源利用与生态修复协同创新中心”创建当年已拥有在研重大科研项目 81 项,其中包含了 973 计划、国家科技支撑计划、国家自然科学基金等重量级课题,并获得省部级以上科研奖励 31 项,获批发明专利 14 项,在国内外权威刊物上发表论文 159 篇。

从科技攻关到平台建设,从日常管理到协力育人,走进新世纪的矿大与徐矿不断完善协作体系,健全交流机制,逐步打造规范化、常态化、多元化合作范式。

---

① 江苏省老工业基地资源利用与生态修复协同创新中心网站:http://lsksxtcx.cumt.edu.cn/3349/list.htm

新时期(2017—2022):
创新培养模式,共育时代新人

2017年,对于徐州市、中国矿业大学、徐矿集团来说,都是一个历史性拐点。

一件件喜讯成为加速发展的推进器,开启了校、地、企深度合作新时期,也拉开了共育时代新人的序幕。

2017年12月12日至13日,习近平总书记考察徐州,强调“必须始终高度重视发展壮大实体经济”“对采煤塌陷区整治的有益经验,要注意总结推广”,当地干部群众深受鼓舞,紧扣新要求,奋战新时代。

这一年,中国矿业大学和徐州矿务集团也迎来了重大改变。

创新育人模式,立德树人

2017年9月,教育部、财政部、国家发展改革委联合发布《关于公布世界一流大学和一流学科建设高校及建设学科名单的通知》,中国矿业大学入选一流学科建设高校,安全科学与工程、矿业工程2个学科入选“双一流”建设学科名单。“双一流”建设启动以后,矿大进一步优化学科布局,提出“强工、厚理、兴文、拓医、育新”战略,认真贯彻落实全国高校思想政治工作会议精神和全国教育大会精神，将以人为本、立德树人的教育理念融入人才培养，全面构建“大思政”育人格局。

近年来，徐矿集团同样重视文化成果交流与精神文明建设。徐矿集团党委理论学习中心组曾到韩桥煤矿博物馆开展“走进百年起点，传承红色基因”的参观研学；多次举办“跟着习近平总书记足迹学党史”等“学党史、悟思想”专题读书班；邀请来自矿大等高校的理论专家作党史专题辅导，在淮海战役烈士纪念塔组织现场研学……

徐矿集团党委中心组参观“中国共产党在江苏历史展”

2021 年 6 月 16 日，徐矿集团党委与中国矿业大学理论学习中心组举行联组学习会，围绕“胸怀‘国之大者’：百年党史中的中国矿业大学与煤炭工业发展历程及‘双碳’背景下的新时代新作为”主题进行学习交流。会议由中国矿业大学党史学习教育领导小组组长、校党委书记刘波主持，教育部党史学习教育高校第七巡回指导组组长秦绍德带队出席并指导。会上刘波书记指出中国矿业大学的发展史是“因煤而生、因煤而兴”“听党话、跟党走”的一部奋斗史；徐矿集团介绍了党史学习教育的阶段性成果，呈现出“红心向党引领好、五满理念践行好、宣传氛围营造好、民生实事推进好、改革发展成效好”的良好势头；宋学锋校长在专题发言中指出，矿大在徐办学 40 年，与徐矿集团密切联系、深入合作，联组学习有助于学校更好地落实立德树人根本任务，践行为党育人、为国育才的初心使命。

2022 年 3 月 4 日，中国矿业大学刘波书记带领校党委副书记蔡世华、社科处处长张矛矛、宣传部部长黄军利一行，到徐矿集团调研，共商协同育人议题。双方就挖掘校企“精神富矿”、共育时代新人达成共识，这也是开启本书创作的最初契机。

中国矿业大学党委书记刘波一行访问徐州矿务集团

明确了精神航标，矿大与徐矿不断创新育人模式、深化育人实践。徐矿集团在中国矿业大学设立“徐矿奖学金”，每年出资 50 万元，用以资助、激励矿业相关专业的学子们潜心向学，发奋图强。2018 年 12 月 24 日，在中国矿业大学图书馆报告厅举行首届“徐矿奖学金”颁奖典礼；到了 2021 年，“徐矿奖学金”已惠及 150 名矿大优秀学子。

此外，徐矿集团还为矿大学子的现场实习、社会实践提供了设备、场地与指导，建设多所实训基地，其中徐州矿务集团有限公司与矿大安全学院、环测学院共建，适用于安全工程、环境科学、环境工程专业的实习基地被评为国家级工程实践教育中心。

对于徐矿集团的人才培养战略，矿大同样鼎力支持。徐矿集团出台《关于建设人才基地的指导意见》《高校毕业生招聘管理办法》等人才政策，与矿大建立校企共建机制，实行人才双向挂职制度，打造年轻干部培养工程，大力推进函授教育与学历提升，促进了不同年龄、不同专业、不同层次人才的培养、选拔、任用全覆盖。有了矿大这一行业顶尖高校的助力，徐矿集团的人才培养路径实现了“引得来、育得强、留得住、用得好、管得严”。

产学研联动,优势互补

中国矿业大学与徐州矿务集团自 2017 年进一步推动产学研深度合作,聘任徐矿集团多位领导干部和产业专家为矿大兼职教授。这一传统,最早可溯源至矿大全面搬迁徐州之初。1983 年 11 月 1 日,中国矿业学院决定结合政策精神与教学实际,从有关科研部门、兄弟院校、工矿企业等单位聘请一部分基础理论扎实、实践经验丰富,并具有一定学术专长的科技人员为学院兼职教师;2008 年 11 月 28 日,徐矿集团董事长、党委书记皇新海正式受聘为中国矿大兼职教授,中国矿业大学校长葛世荣向皇新海颁发聘书和校徽。

到了 2018 年,师资方面的交流规模不断扩大,12 月 24 日下午,在矿大行健楼 B501 会议室里,徐州矿务集团多位专家正式受聘为矿大兼职教授。受聘仪式上,刘波书记致辞表达了对徐矿集团多年支持的感谢,以及将中国矿业大学与徐矿集团的合作打造为新时代校企合作典范的期待。宋学锋校长颁发了兼职教授聘书。受聘专家们也阐述了对校企合作的设想,提出要在采煤塌陷地治理、智能化、信息化、两化融合、安全生产、人才共育等方面加强联动。兼职导师这一岗位,切实加强了矿大与徐矿的研学交流,也为矿大学子引入更为广阔的学习视野。

2020 年 12 月 6 日,经国家人社部、全国博士后管委会批准,徐矿集团设立国家级博士后科研工作站,迈出了集聚科技人才、促进产才融合的关键一步。申报期间,中国矿业大学作为合作伙伴全力支持。此前,2009 年徐矿集团申报江苏省企业院士工作站时,矿大同样作为管理委员会成员予以技术、人力支持,中国矿业大学钱鸣高院士、柏建彪教授,中国矿业大学(北京)何满潮院士、孙晓明副教授等专家学者和工程技术人员共同组成了江苏省企业院士工作站的研发团队。

这一次,徐矿集团博士后科研工作站的第一位博士后,就来自中国矿业大学。2021 年 8 月,安全工程学院的副教授辛海会,率先入站,并一举拿下 2022 年度中国博士后科学基金第 71 批面上一等资助、第 15 批特别资助,这是徐矿集团博士后工作站设站以来首次国家级博后基金项目突破。也让新生的徐矿集团博士后工作站,成为 2022 年度唯一获得中国博士后科学基金面上一等资助和特别资助的矿业工程学科博士后工作站。徐矿集团博士后工作站自设立以来,与

徐矿集团博士后科研工作站牌匾

中国矿业大学签订联合培养博士后研究人员合作协议书，已有多人通过面试进站，研究方向涉及通风与安全、冲击地压防治、软岩支护与瓦斯治理等，全方位为煤矿安全开采赋能。

此外，在中国矿业大学坚持推进的教师校外挂职项目“力行计划”中，徐矿集团及其二级单位已成为矿大青年教师锻炼专业技能、提升业务素质、开发研究课题的重要场所。

发扬行业特色，搭建平台

21世纪以来，徐矿集团与中国矿业大学先后合作搭建多所研究平台，如2008年9月江苏省科技厅批准创建的“江苏省深部开采综合技术研究工程中心”、2012年12月江苏省科技厅批准创建的“江苏省综采综掘智能化装备工程技术研究中心”、2014年3月江苏省政府办公厅批准创建的“江苏省老工业基地资源利用与生态修复协同创新中心”等。

2019年以来，更是进入平台搭建的井喷阶段。2019年的“地下空间智能控制教育部工程研究中心”，2020年的“江苏省煤矿冲击地压防治工程技术研究中心”“国家级博士后科研工作站”，以及2021年的“江苏省煤炭碳中和工程研究中心""江苏省研究生工作站"等,都凝结着徐矿与矿大日益精进的科研协作成果。

其中,2020 年 10 月经江苏省科技厅批准创建的"江苏省煤矿冲击地压防治工程技术研究中心",由徐矿集团牵头组建,选址于张双楼矿。研究中心以确保安全生产、预防重大事故、加速技术革新为目标,联合中国矿业大学、中煤科工集团等高等院校及科研机构进行技术研发,科研成果多次获省部级科技进步奖。张双楼矿与中国矿业大学合作建立了"超前三维应力场优化"的冲击地压控制技术体系,提出实施了煤层巷道掘进全空间、全断面超前三维应力场卸压优化等技术,并在中国矿业大学出版社出版了《千米深井冲击地压防控技术——以张双楼煤矿为例》《徐州矿区深井开采冲击地压机理与防控成套技术》等专著,系统总结防冲经验,为国内外提供方法借鉴。

中国矿业大学出版社出版的张双楼矿冲击地压防治专著

2021 年 12 月,经江苏省发改委批准,徐矿集团创建"江苏省煤炭碳中和工程研究中心",学术委员会主任由中国科学院何满朝院士担任,中国矿业大学副校长卞正富任副主任,中国矿业大学碳中和研究院院长桑树勋任委员。研究中心与矿大在煤矸石综合利用方面进行联合攻关,开拓出煤矸石充填复垦造地模式。

此外,中国矿业大学创建于 2014 年的"老工业基地资源利用与生态修复协同创新中心"也一直发挥着校企合作效能。2018 年 12 月 4 日,协同创新中心主任卞正富带队前往徐矿集团进行交流，提出“将论文写在矿山上”，将徐州生态修复路径在其他矿区加以推广。协同研究中心的马占国教授和李怀展博士分别以《地下资源科学开发利用理论及技术》《三河尖矿与张双楼矿采煤沉陷情况及残留资源回收方法》为题进行报告。

激发科技活力，深耕前沿

中国矿业大学与徐矿集团的科研合作，一方面体现于科研平台的建设发展，另一方面也体现于矿大为徐矿及其二级单位生产实践中遭遇的现实问题提供科技支持。

从徐州本地的张双楼煤矿，到远在海外的孟巴项目部；从产能核增连级跳的天山矿业，到致力能源转型的光伏发电……走在徐矿的厂区、车间，无论在哪里，都会发现矿大人的身影，以及矿大科研力量的踪迹。

在水害分类治理方面，针对哈密大南湖五号井特殊沉积环境及水文地质特征，徐矿集团与中国矿业大学实地考察、调研、测试 4 年多，研发出“隐伏古湖床下开采上防下疏防治水”关键技术。2018 年至今，徐矿集团与中国矿业大学针对水害分类治理，展开专项研究。分析评价第四系底砾层富水性，采用物探、钻探等手段进行探查验证；开展“两带”高度实测工作，采取限高开采、建立可靠排水系统等措施，解放煤炭资源约 500 万吨。

在冲击地压防治方面，中国矿业大学窦林名教授带领团队，长期与徐矿集团保持合作，攻克多项防冲难题，取得了一批达到国际领先水平的科研专利。2022 年 9 月，窦林名团队成员蔡武等在中国工程院院刊系列主刊 *Engineering* 发表有关断层型冲击地压机理、监测预警与防治理论方面的系统性研究成果，在冲击地压防治领域再次取得突破性进展。

在煤炭智能化开采方面，2021 年初张双楼煤矿与中国矿业大学签订《张双楼智能化示范煤矿建设方案研究》，由矿大编制《智能化示范矿井顶层设计方案》。张双楼矿与矿大团队合作的“厚表土立井井壁环境因素耦合作用破裂机理及综合治理技术研究与应用”“衰老矿区松散含水层下残煤资源回收上限关键技术与应用”两个项目获得了 2021 年度中国煤炭工业科学技术奖一等奖，“煤层群残采条件下强扰动巷道围岩控制技术研究及应用”“千米深井复杂条件工作面智能协调开采技术研究”两个项目获得了三等奖。来自矿大的科研团队也与天山矿业展开多项合作,严俭祝团队为天山矿业编制《俄矿通风阻力测定报告》,何江团队展开"俄矿煤层群开采矿压规律与巷道围岩控制技术研究",为天山俄矿智能化建设奠定技术基础。

灵活、多元、可持续,彰显合作体系优越性

长久以来,中国矿业大学与徐州矿务集团不仅追求合作的系统化、制度化,进一步建构灵活、多元、可持续的校企合作模式,正是近五年高速发展时期的新追求。

2018 年 2 月 1 日的下午,徐矿大厦正在进行一场严肃而融洽的协议签署仪式。中国矿业大学党委书记刘波、校长葛世荣、副校长卞正富,与徐州矿务集团领导共聚一堂,签署了全面合作协议,正式开启了矿大与徐矿深化产学研联动、加速校企共赢的新阶段。会上,刘波书记对徐矿集团长期以来的大力支持表示感谢,并表明矿大将坚定走出一条立足特色、依托行业、贴近企业的发展道路。徐矿领导追忆了徐矿与矿大源远流长的合作脉络,希望双方共同打造互惠共赢、友谊长青、创新发展的合作典范。

徐州矿务集团有限公司和中国矿业大学全面合作协议签约仪式

在此之前,中国矿业大学对外合作与发展处曾前往徐矿集团洽谈合作事宜,2018 年 1 月 9 日,中国矿业大学对外合作与发展处焦险峰副处长,与徐矿集团

办公室主任陈卫东友好沟通，肯定了双方多年来的丰硕合作成果，初步达成建立校企协同产学研创的合作模式，为中国矿业大学与徐州矿务集团签署全面合作协议打下了良好基础。

早在2008年3月7日，中国矿业大学成立校企战略联盟指导委员会，同年11月28日与徐州矿务集团签署了战略联盟合作协议。十年过去了，矿大与徐矿的合作日益密切，成果涌现，形成可持续化发展的合作优势。

步入全面合作轨道的矿大与徐矿，拓展出更加丰富、立体、多维的校企共建路径。

2018年5月7日，由江苏省教育厅与江苏省国土资源厅、江苏省环境保护厅、徐州市人民政府主办，中国矿业大学和徐矿集团承办的“江苏教育界与产业界对话对接活动——资源型城市转型发展与生态文明建设”论坛在贾汪举行。

2019年12月，矿大校董会秘书长、对外合作与发展处处长钟晓东带队奔赴新疆调研，走访徐矿集团新疆公司。

2020年1月，根据江苏省国资委下发的《省国资委关于省属企业打好创建一流企业三年行动计划收官战和编制“十四五”发展战略规划的通知》，徐矿集团启动“十四五”规划编制工作，中国矿业大学参与编制。规划方案经研究决策后，于2021年7月28日上报国资委备案。

2021年“七一”前夕，徐矿集团在中国矿业大学南湖校区演播厅举办了“‘徐矿人永远跟党走’——庆祝中国共产党成立100周年文艺演出”，高唱出对党的忠诚与祝愿，也展现出校企合作历程中一以贯之的人文情怀。

2022年3月4日，中国矿业大学刘波书记带队到徐矿走访调研；3月10日，矿大科研院组织教师赴徐矿集团开展储能领域产学研合作对接交流……

此外，新冠疫情发生后，徐矿集团本部于2020年、2021年分别向中国矿业大学教育捐赠100万元、50万元资助办学。

近年来，政产学研协同创新成为提升高校人才培养水平的新动能。扎根徐州的四十年来，中国矿业大学与徐州矿务集团强强联合，立足国家战略需求，服务地方社会发展，校、地、企三方通力协作，向着培育高层次、高水平人才的共同目标携手迈进。2022年中国矿业大学教师节典礼上，刘波书记强调：“今天我国的高等教育比历史上任何时期都更接近高等教育强国的发展目标，高等教育的整体实力和办学质量都达到了历史最好的水平。因此这也是我们每一位在高校工作人的一份光荣，也是一份使命。在我国高等教育事业十年高质量发展的历史机遇其中,我们矿大也顺势而为,趁势而上,在推动学校各项改革事业发展中实现了新发展,取得了新成绩。"抓住时代契机,实现人才培养层次跃迁,推动学校高质量跨越式发展,完善多方联动的共赢体系,既是矿大孜孜以求的目标,也是一份从未放下的责任。

风雨与共、携手前行,助力中国煤炭行业蓬勃发展;强基筑梦、持续攻坚,追寻能源资源强国转型蝶变,正是矿大与徐矿四十年来的真实写照。

红色基因篇：
自强不息，忠于初心

“回望百年党史可以看到，历史和实践反复证明，一个政党有了远大的理想和崇高的追求，就会坚强有力，无坚不摧，无往不胜。”

——中国矿业大学党委书记刘波在2022年教师节典礼上的讲话

抖落风雨,身披星辰:
红色矿大的救亡兴邦

在1982年全面搬迁徐州之前,中国矿业大学已度过73年的颠沛流离。

"源深流自远,行健天同功",从诞生伊始夹缝求生,到抗战期间辗转办学,再到四川华蓥山重新创业,漫长的流浪办学,校舍、仪器一换再换,学生、教师不断更迭,但从未改变的是那份救亡兴邦的爱国初心。

开创中国矿业高等教育先河:焦作路矿学堂的时代博弈

1897年3月,英国福公司(PeKing Syndicate Limited)成立。在接下来的很多年里,这个名字经常与中国矿业大学的前身——焦作路矿学堂,联系在一起。福公司既是焦作路矿学堂的创办者,又是一家"侵略中国的英美财阀"[①],因此,投资、博弈、争端……成为福公司与焦作路矿学堂之间常见的合作姿态。

这也成为近代中国的一个缩影,20世纪初,民族工业启蒙的背景里,充斥着

① [日]萍叶登:《侵略中国的英美财阀》,三联书店1956年版,第69页。

西方列强的虎视眈眈和清王朝的穷途挣扎。彼时甲午战败的阴云还未散去，古老的东方帝国甚至无暇痛心，只能在残酷现实中摸索救亡之路，“实业”与“教育”承载了化解民族危机的希望。

1909年，焦作路矿学堂正式创办，开创了中国矿业高等教育特别是煤炭高等教育的先河。作为外国人在中国开办的第一所私立工科高等学校，焦作路矿学堂背后是一场关于矿藏开采权的博弈。1898年福公司代表罗沙相继签订《山西商务局与福公司议定山西开矿制铁以及转运各色矿产章程》和《豫丰公司与福公司议定河南开矿制铁以及转运各色矿产章程》，其中规定，福公司获得开采之权，但同时也负有教育之责：“福公司于各矿开办之始，即于矿山就近开设矿务、铁路学堂，由地方官绅选取青年颖悟学生二三十名，延请洋师教授，以备路、矿因材选用。此项经费由福公司筹备。”[①]

章程签订后，福公司马上组织勘测、开采煤炭，虽然受到义和团运动等影响，依旧在河南修武县(今焦作市)建立了“哲美森厂”，投资不小，获利颇丰。到了1906年，焦作煤矿已与开滦、抚顺、淄川并称为机器生产煤炭的四大外资煤矿。

然而福公司所承诺开办的矿务学堂却迟迟没有消息。1906年在中国教育史上也是一个有故事的年份，曾经延续了1 300年的科举制度在这一年正式废除，无数学子在时代洪流的裹挟下，将个人理想与家国抱负寄托于新式学堂。于是河南士绅轮番上阵，坚持不懈地与福公司进行交涉，督促其履行承诺，福公司多次推诿，直到1909年3月1日终于创办焦作路矿学堂。

焦作路矿学堂

① 王铁崖:《中外旧约章汇编》第2册，生活·读书·新知三联书店1982年版，第764-766页。

中国矿业大学南湖校区内“焦作路矿学堂”纪念建筑

焦作路矿学堂招收的第一批学生仅有20名,不同于传统教育体系对四书五经的重视,焦作路矿学堂主要传授西方现代科学技术,以“矿冶”“路工”为必修课,旨在为采矿、冶金、铁路等行业培养专业人才。伴随着中国高等教育一同起步的焦作路矿学堂,既是有识之士为了民族复兴积极推动的教育实践,也为民族工业启蒙增添了新助力。

建校第二年,福公司和爱国学生之间爆发了一次冲突。1910年2月,在英国驻华公使朱尔典的支持下,福公司开始派人以游览中国河山为名,行勘探铁矿之实,路矿学堂的英国教习李恒礼也参与其中。焦作路矿学堂的学生识破并曝光了福公司企图掠夺河南铁矿的盘算,河南各界纷纷谴责,经过激烈交涉,福公司被迫放弃对铁矿资源的觊觎。保矿斗争胜利,也激发了矿大学子们的爱国热情,在百余年的矿大历史中绵延至今,星光熠熠。

开矿制铁、扩大矿区,福公司的两个要求均被驳回后,英国方面十分不满,单方面撕毁合同,停拨办学经费。1913年12月,焦作路矿学堂停办,这不仅表现出福公司在路矿学堂办学方面的敷衍,更让国人意识到国家主体地位的不平等,以及民族资本与外国资本的重重矛盾。河南省与福公司多次交涉,终于在1915年达成共识,6月1日,英国福公司与河南中原公司联合组成福中总公司,并恢复办学,校名更改为福中矿务学校(Fu Chung Mining College),6月1日也成为校庆纪念日。从出资情况来看,学校实现了从英国独资到中外合资的转变,但英国福公司仍只出资5 000两白银,其余经费主要依靠民族资本支撑。

当年，福中矿务学校招收学生增加到 60 人，开学典礼上，福中总公司督办张镇芳在致辞中表达了对学子们的期许：“学成专门之技术，蔚为有用之人才，我中国亦可渐立富强之基础。”[①]彼时求学，虽然科举之路已断，但“学而优则仕”的传统观念仍在默默左右着社会风向，法政类成为热门学科，相比之下，能心怀“学而优则用”的家国担当，到实业类专门学校求学的人才十分难得。福中矿务学校的师生们，抛开时代的浮躁，不辞辛苦，踏踏实实地走出一条实业救国、教育兴邦的拼搏之路。

百年矿大的第一号毕业证书：矿业先驱张广石

2013 年，中国矿业大学收到了一份珍贵的校友礼物——河南焦作路矿学堂第一号毕业证。毕业证上的名字，是首届学生中成绩第一名的张世忠(张广石)。从他 1912 年 12 月收到这张毕业证，到 2013 年由其子张印先生赠与矿大，一百年的漫漫岁月在这一刻折叠成一颗赤诚学子的初心、一座百年老校的传承。

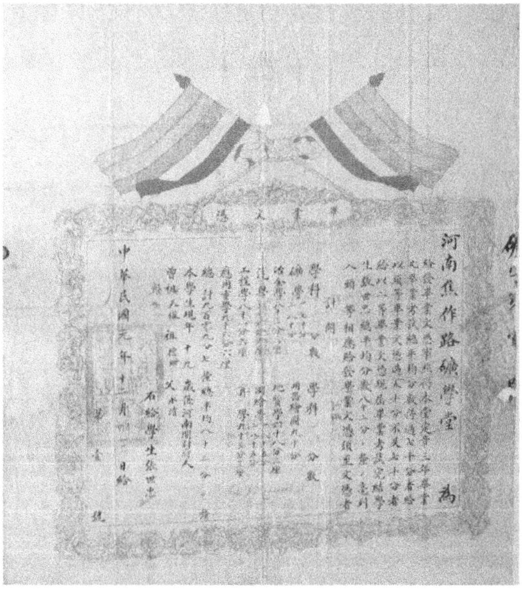
河南焦作路礦學堂
中華民國元年十二月

河南焦作路矿学堂颁发的一号毕业证

① 《福中总公司督办张训词》，原件存于中国煤炭档案馆，福中总公司案卷，第 1743 卷。

历经百年,毕业证始终被仔细保存,泛黄的纸张上,繁体楷书娟秀而有力,清晰记录着"毕业考试总平均分数得过七十分者,给以头等毕业文凭。过五十分不及七十分者,给以二等毕业文凭。现届毕业考试完结,学生张世忠总平均分数八十二分零厘零毫,列入头等。"而后列出各科成绩,以及学生祖辈的姓名。在20世纪初年,这样一份文凭,同样是家族的荣耀。

张广石在自传中讲述自己幼年家境贫寒,经济拮据,所以择业时选择职业教育,在焦作路矿学堂求学时,主要靠奖学金供给生活。"故我的思想意识为半无产阶级环境所决定,终加倍努力学习获得了第一号的毕业证书。"①

毕业后的张广石也面临过就业困境,时代风雨飘摇,国家命运波折,第一名的成绩并不足以帮助这名初入社会的青年安身立命。对张广石来说,从煤炭工人做起,从基层开始学习,同样是事业起步的必经过程。他一路从焦作福公司煤矿厂练习工程师,成长为设计工程师、厂长,毕业十年后,开始在开封设立矿冶工程设计代办所,前往各矿区调查地质、开采设计,事业蒸蒸日上,逐渐步入正轨。

然而1927年,军阀混战,民不聊生,中原地区矿业发展也受重创,张广石一时落入"无工可做"的境地。1928年北伐初期,冯玉祥在开封举行豫陕甘县长考试,虽然没有从政经验,迫于生计的张广石还是选择抓住这一机遇,录用任职三个月后,陕西省政府决定兴办矿业,张广石的才干与抱负再次有了施展空间。

矿大校友张广石

对于张广石来说,矿业是他的理想,是生命,是信念,所以他把名字"张世忠"改为"张广石",在"广""石"二字合起来的"矿"业里,表达对于国家的热爱与忠诚。在陕西的日子里,他参与探矿勘察、煤矿设计,后又致力于矿业教育事业,出版了《中国矿业志》《陕西之煤业》《山西煤矿过去现在及将来》等专著,先后被聘为西北大学、西北工学院教授。新中国成立后,张广石第一时间参加了中国矿冶工程学会,以科学技术回报祖国。他曾如此概括自己的事业追求:

① 张广石:《张广石自传(一)》,载于《中国矿业先驱——张广石》,中国矿业大学出版社2019年版,第30页。

“做一个自然科学研究工作者，并有兴趣转致力于研究煤质方面，为建设新中国和将来大规模的开采煤田准备条件。”[①]平实的文字中，沉淀的是一位开拓者最质朴的初心。

1964 年 5 月 10 日，这位矿业先驱在西安离世，张广石为中国矿业行业贡献了毕生之力，也为家人留下饱含深情的回忆。在张印先生眼中，父亲是忙碌的，可以为了一手创办的同泰煤矿不辞辛劳，卖掉唯一的住房以缓解矿上资金短缺；也可以为矿业教育和科研事业昼夜不休，与时间赛跑。家里的书房也成了一道别致的景观，摆满了形态各异的矿石，张印知道，这是父亲的宝贝，是他为矿业发展翻山越岭、追求真理的见证。

与张广石的毕业证一同回到母校的，还有张广石求学时的课堂笔记、投身矿业领域后的著述等，矿大为此在校史博物馆开设了专门陈列室，并设立“张广石奖学金”以激励采矿工程专业学生不忘前辈指引，弘扬奋斗精神。在中国矿业大学 110 周年校庆前夕，名誉校友张印夫妇还向矿大捐赠多年积蓄，作为“张广石青年志愿者服务队”的专项经费，代父亲张广石表达爱校之情，也寄托着传承不息的矿大情怀。

张广石青年志愿服务队

① 张广石：《张广石自传(二)》，载于《中国矿业先驱——张广石》，中国矿业大学出版社 2019 年版，第 38 页。

从声援“五四”到“五卅”风暴:矿大学子的觉醒呼声

1919年,“福中矿务学校”更名为“福中矿务专门学校”,名称的细微变化,实则代表着办学水平的提升。这一年福中矿务学校首届预科学生毕业,北京政府教育部批准可“续办正科”,转型为完全意义上的“矿务专门学校”。办学经验不断累积,学风校纪严明整肃,福中矿务专门学校在师生的共同努力下稳步前进。

然而,校园外部的风波从未停歇。

第一次世界大战刚刚结束,胜利的喜悦还未散去,“巴黎和会”上的屈辱与失利就已传回国内,一时间民族命运的走向牵动着每一位中华儿女的心。1919年,注定是要被写入中国历史,刻入国人血脉的。5月4日,压抑已久、憧憬已久的爱国青年们聚集于天安门前,发表《北京学界宣言》,除了那一句耳熟能详的“外争主权,内惩国贼”被用来直抒胸臆,“中国的人民可以杀戮而不可以低头!”也激起了无数学子的救国呼声。山河破碎,内忧外患,青年学生走出象牙塔,以热血忠魂呐喊着团结与抗争,学生爱国运动迅速波及全国。

河南学子迅速响应,5月9日,开封女子师范学校率先行动,在演讲中抗议西方列强对我国主权的践踏,声讨北洋军阀丧权辱国的无耻。13日,河南开封15所学校组织召开联合大会,法政专门学校大讲堂内聚集了千余名学生代表,商议致电“巴黎和会”中国代表及徐世昌等人:“外交失败,半由内讧,除电专使力争外,诸公主持和议,万恳早日解决时局,一致对外。”①会上福中矿务专门学校的学生代表汤执中、胡汝奇相继发表演讲。18日,开封各界群众1.1万余人参加国民大会,并形成决议:勿签合约、收回青岛、积极运动、抵制日货。

发展到5月31日,在省学联号召下,开封学生集体罢课以示抗争,河南督军镇压失败后,强令各学校提前放暑假,学生们于是化整为零,深入城市、农村、矿区,开展了多种形式的爱国宣传活动:洛阳籍的杨守谦,发起成立豫西学生联合会,组织查验日货小组,开展了大规模的抵制日货运动;孟县籍的武怀让,曾目睹煤矿工人在外国资本管控下的艰苦境遇,暑假返乡后联络工商界爱国团体,进一步扩大五四运动影响力。此外,同是来自孟县的汤执中,不仅发起成立河南省学

---

① 薛世孝:《中国煤炭工人运动史》,河南人民出版社1986年版,第67页。

生联合会、组织开封学生总罢课，次年五四运动一周年纪念活动中，他在振阳舞台组织了国耻大会并发表讲演。1920 年福中矿务专门学校迁回焦作，学生们把爱国激情也带回了这里。直到解放战争胜利前夕，汤执中仍在汉口参加中共地下党活动，1949 年后回归煤炭行业，曾出任煤炭工业部郑州管理局基建处处长，多次担任武汉市人民代表大会代表。

矿大学子的爱国之心从未消散，1925 年，上海“五卅”运动震惊全国，工人们的鲜血不会白流，各地随之而起的罢工、罢课、罢市，将全国性的反帝爱国运动推向高潮。作为煤炭大省，河南也爆发了焦作煤炭罢工，福中矿务专门学校此时已更名为“福中矿务大学”，学生们再次罢课声援，与人民站在一起。《福中矿务大学校刊》的发刊词中写道：“吾国之所多者，曰兵与匪；吾国之所寡者，曰已发之矿与筑成之路……今发矿筑路以衣食此辈，则匪自灭。匪去，则善良乐业而国治。既富且治，又何求？”正是凭着这般胸怀与胆识，在国家危难之际，学生们一次次将爱国救国与科学素养统一在一起，将个人命运与民族走向凝结在一起，展现着中国现代知识分子的铮铮风骨。

从焦作工学院到西北办学：抗日战争期间的砥砺坚守

“五卅”运动也间接改变了福中矿务大学的办学格局。焦作煤矿工人大罢工，使得福公司在华业务陷入停滞，1926 年以后，福公司、福中总公司相继停办，学校经费实际上完全依靠中原公司出资与社会资助。

1931 年 8 月，福中矿务大学改名为私立焦作工学院，成为中国近代教育史上唯一的私立工学院。焦作工学院虽然规模有限，但充满生机，办学体制不断完善，学术氛围十分浓厚，工程馆、实验室等设施得以建设，同时学生组织日趋活跃，在“九·一八”事变、“一二·九”运动中展现了以天下为己任的爱国热情。

在这期间，中国煤炭发展史上赫赫有名的翁文灏、孙越崎曾担任校董，对焦作工学院产生深远影响。

翁文灏是中国第一位地质学博士、第一位代表中国出席国际地质会议的学者，他编制了中国第一张着色全国地质图，第一次对中国山脉展开科学系统的研究……这样一位行业拓荒者，也将其坚忍不拔、开拓创新的精神，注入焦作工学院。

孙越崎

孙越崎更是多次为焦作工学院在生死关头指引方向。1932 年,孙越崎刚刚结束为期三年的留学生活,斯坦福大学、哥伦比亚大学的学习经历,与创办东北穆棱煤矿时的工程经验,让他对矿业发展理论与实践十分熟稔。1934 年 9 月 29 日,在翁文灏的邀请下,孙越崎到焦作煤矿实地考察,并为焦作工学院的师生们做了一场题为《陕北一带石油勘察概况》的讲座,广受好评。同年 12 月,孙越崎正式调任焦作煤矿,并担任焦作工学院董事会常务校董。而后孙越崎针对焦作地区煤炭开采、中福煤矿水患治理等问题,多次为焦作工学院师生作报告,以丰富的从业经验引导学生们将知识融入实践。孙越崎还很支持学生的爱国活动,1935 年末,焦作工学院的 100 多名学生为支持"一二·九"运动,南下请愿,孙越崎主动出资,解决了请愿学生的全部费用。

身处乱世,焦作工学院度过了几年难得的平静岁月,办学氛围再次被打破。1937 年 7 月 7 日,卢沟桥事变的枪声震惊世界。10 月 14 日,日本侵略军猖獗进犯,已攻占安阳,如果继续南下,焦作工学院岌岌可危。当时的焦作,人们时常在轰鸣声中看到日军战机在头顶盘旋,孙越崎作为焦作工学院校董会董事长,当机立断,力排众议,将学校撤迁到大后方,为长期抗战保存战力。一同搬迁的还有中福公司所属煤矿的机械设备与技术人员。

搬迁之初,大家对选址尚有争议,一方观点是以不迁出河南省为佳,学生则认为不出省界实有割据嫌疑。最终,孙越崎尊重学生意见,明确指示:"教育乃国家之命脉,须在教部整个计划下努力,不能分据,不可霸占。今西安临时大学工学院缺乏仪器,吾校既拟迁移,自宜以吾所有与之切实合作,以为国家增元气云。"①

焦作工学院辗转郑州、西安、天水,最终在天水南门外的水月寺恢复办学。数千里的跋山涉水,一路上的艰苦辛劳,未曾浇灭学生们的求学意志,反而令他们更加珍惜动荡中的学习机会。到了夜晚,在土蜡烛、煤油灯、汽灯的昏暗光线下,学生们夜以继日,探寻着民族未来的光明。

而后,在国民政府教育部长陈立夫的号召下,焦作工学院与北洋工学院、北

① 《焦作工学院学生会给教育部长王世杰的呈文》(1937 年 10 月 23 日),存中国矿业大学档案馆,校史卷宗,第 70 卷。

焦作工学院旧址

平大学工学院、东北大学工学院合并组成西北工学院。1938 年 11 月，焦作工学院的师生们又一次踏上迁移之路，从甘肃天水前往陕西城固古路坝，开始了为期八年的国立西北工学院时期。在此期间，中共地下党支部成立，抗日民主活动在师生间迅速蔓延，苏联和中国左翼作家文艺思想受到学生的欢迎；《抗敌歌》《太行山上》等抗日歌曲掀起新的浪潮；“西北民主青年社”“新动向社”等学生组织积极学习、传播进步革命思想，矿大学子一脉相承的爱国基因，从此愈加坚定了方向。

迎接解放，重获新生：新中国第一所矿业高等学府

1945 年 8 月 15 日，举国沸腾，日本无条件投降的消息瞬间传遍五湖四海，西北工学院校园内，师生们共同庆祝着这一喜讯。抗战胜利后，合并组成西北工学院的四所学校，积极筹备复校，焦作工学院先是落脚洛阳，而后到了郑州，1948 年迁至苏州平江路的狮林寺巷。积年累月的搬迁，给焦作工学院带来了物力财力的巨额损耗，任资源委员会委员长的孙越崎此时拨给焦作工学院一笔现款，以资助学校在苏州办学。

资金短缺始终是摆在学校面前的重大问题，在焦作工学院艰难办学的日

焦作工学院在苏州

子里,师生视校为家,多次减薪共渡难关,然而,资金还是不够。院长张清涟为了筹集经费四处奔波,多次前往南京求援,却又希望渺茫。1949年初,张清涟愤然写道"……写不尽,离愁字;平不尽,伤心事。看权贵鼠串,车马拥挤……待他年雄鸡报春晓,定欢娱"①。对于中国未来的方向,想必张清涟心中已有答案。

同一时期,焦作工学院的师生们也逐渐认清国民党倒行逆施的真实面目,学生自治会愈加活跃,邀请进步学者前来讲授,将毛泽东的《新民主主义论》、艾思奇的《大众哲学》介绍给焦作工学院的学生们,中国共产党的主张广受拥护,吕育新、郝旭、吴兆坤等学生先后冲破封锁线,奔向解放区。

1949年4月23日,南京解放。27日,苏州解放。焦作工学院的学生们载歌载舞欢迎人民解放军的到来,十几名同学随即参军,投身于解放全中国的光荣进程。

1949年6月1日,焦作工学院建校40周年的庆典上,欢庆解放成为最闪耀的主题,焦作工学院就此迎来了新的开端。华东人民政府首先解决了焦作工学院的办学费用问题,由军管会统一供给;而后迅速商讨搬迁事宜,圆了学校重返焦作的夙愿。10月1日,焦工学子们已在焦作校址的操场上,通过广播收听到

① 《中国矿业大学史(1909—2009)》,中国矿业大学出版社2009年版,第118页。

振奋人心的开国大典，共享喜悦与自豪。

1950 年初，中央人民政府燃料工业部正式接管了焦作工学院，漂泊多年的焦作工学院，终于有了稳定发展的平台。为了助力国内唯一的矿业高等学校迅速发展，燃料工业部决定将焦工迁往交通便利、资源丰富的天津，并在此基础上筹建中国矿业学院。

发展至此，《中国矿业大学史(1909—2009)》曾对矿大历程做出精要梳理：

“焦作路矿学堂 1909 年在焦作创办，其后经福中矿务专门学校、福中矿务大学、私立焦作工学院的复迁；抗战爆发后，与北洋大学工学院、东北大学工学院、北平大学工学院合组成立西北工学院；抗战胜利后，焦作工学院在河南洛阳复校，在战火中几经辗转。1949 年 9 月返回焦作；人民政府接管焦作工学院后，焦作工学院即成为在天津的新中国矿业学院的一部分。中国矿业学院焦作部分迁天津后，标志着学校在焦作办学的终结。焦作工学院的学术文化积累已经完全汇入了新中国第一所矿业高等学府——中国矿业大学的发展中。”①

1951 年 4 月 26 日，中国矿业学院在天津大光明电影院隆重举行成立大会和开学典礼，中央燃料工业部、中央教育部高教司、煤矿总局、开滦矿务局、天津市人民政府以及兄弟高校，纷纷派代表出席。大会还宣读了给毛泽东主席的致敬信，信中表达了矿院师生报效祖国的决心：“本着爱国主义与国际主义精神，学习苏联先进经验，密切与矿场实际联系，使教学与生产相结合、政治学习与业务学习相结合，为培养新的知识分子，使之成为全心全意为矿山服务的优秀技术干部，培养革命干部及工农出身的知识分子，使之成为矿山工业建设的骨干而努力。”②中央燃料工业部部长陈郁亲临现场并讲话，肯定了中国矿业学院的开创性地位，指出“矿业学院的成立，反映了中国矿业发展的光明前途。”陈郁尤其强调知识更新与技术创新，对中国矿业学院寄予了无限期待。

在天津办学不到两年，中国矿业学院快速发展，迫切需要更多建设空间。1952 年恰逢全国高等学校院系调整，国家决定就矿业、地质、钢铁行业，在北京新建 3 所重工业学院，中国矿业学院开始了北京建校的进程。

1953 年，学校迁至北京，并更名为北京矿业学院，迎来了一段鼎盛发展时期。学校全面推进教学改革，大力发展科学研究，对外交流也日益频繁，10 多位苏联专家不仅为北京矿业学院带来了教研方面的先进经验，也在实验室建设、教

---

① 《中国矿业大学史(1909—2009)》，中国矿业大学出版社 2009 年版，第 127 页。

② 中国矿业大学档案馆，1951 年永久卷，院办第 7 号案卷。

北京矿业学院

师培训等方面鼎力支持。学生们的爱国热情,在此刻融入了丰富多彩的社团实践和文化活动,也形成了矿大延续至今的体育锻炼传统。

外籍专家在北京矿业学院工作

北京矿业学院运动会入场仪式

从零建设三汇坝，血汗挥洒华蓥山：四川矿业学院的艰难开拓

与新中国一同成长的矿业学院，同样受到了“文革”的影响。1970 年，北京矿业学院面临着新一轮搬迁，新校址是位于四川华蓥山下的三汇坝。

1970 年的 5 月 4 日，再一次的迁校动员，意味着系部搬迁正式开始。原本宽敞整洁的操场一时间比市场还热闹、混杂，搬迁过于匆忙，很多设备教具甚至只能被舍弃。地质楼、医务室的湖边，埋着地质系积攒多年的化石标本；视若珍宝的书籍，一批批被当成废纸卖掉……师生们来不及留恋，便已登上了前往四川的列车。搬迁途中，教职工按军队编制进行点名、管理，三天三夜的车程，仅仅是重新创业的小序曲。

三汇坝位于四川省东部，风景很美，远离县城的小镇始终保持着原生态的自然风光。但这里也丘陵环绕，偏远难行，与外界联系的交通主干道是一条土石公路，其中不少路段沿着悬崖而建，另一边就是万丈深渊。从首都北京到偏僻小镇，四川矿业学院不仅面临着重整教学组织的重任，建设校舍也成为首要难题。多次实地考察、几番争论规划，校舍最终依山势而建，为了尽快支援四川地区的三线建设，教职工们投入劳动，就地取材，用大块石头砌墙，再用碎石、水泥填缝，采用“干打垒”的方式亲自建造校舍。

北京矿业学院外迁

正在施工的三汇坝校区宿舍

师生们无暇观赏三汇坝的白云暖阳,席子搭成的工棚、河沟里的饮用水、无边的荒野乱石,时刻提醒着大家建设任务的紧迫。生活条件艰苦,施工方面同样艰难,各系师生发挥所长,从设计图稿到现场搭建,机电系教师实现了供电、化学

教师在工棚集体宿舍中备课

系教师研制出了炸药，老师们甚至制造了石粉机、搅拌机，生产出了土法水泥，还办起了小型矸石砖厂。开山建校过程中，矿院师生的才智与坚强无处不在。在四川40多度的酷暑里，教职工们晴天一身汗，雨天一身泥，晕倒了，醒来再干……60岁的院长陈一凡也和大家一起住工棚，一起参加劳作，还曾在挂在柱子上的衣服口袋里掏出了一条蛇。1971年4月14日，中国人民解放军驻四川矿业学院宣传队指挥部、四川矿业学院革命委员会，向国务院在北京召开的“全国教育工作会议”报送了文章《“五·七”指示指航向，华蓥山下育新人》，四川矿业学院艰苦奋斗的建校故事，开始引起各界关注。

攻破了建校劳动的第一关，四川矿业学院仍面临重重挑战。学制改革要求缩短学年、教材需要重新编撰、学习环境简陋而拥挤，乃至疾病侵扰，都成为艰苦岁月中的磨难，但矿院师生们扛住了这些考验。期间，矿院第二次被确定为全国重点大学，1960年，蓬勃发展的北京矿业学院成为全国重点高等学校，1978年，饱经风霜的四川矿业学院再次获得这一荣誉。

在改革开放的春风里，四川矿业学院也迎来了更多好消息：一是获批恢复使用“中国矿业学院”校名，二是准备迁往江苏徐州。这一次搬迁，终于结束了矿大颠沛流离的命运，开始了行业特色高校的稳步启航。

在黑暗中开采光明：
实业救国锤炼徐矿传奇

徐州矿务集团有限公司总部大楼的第19层，有一间记录百年传奇的"徐矿展厅"。走进这里，最显眼的当属一组雕像：鲜红的党旗、头戴探照灯的矿工，以及一架即将起飞的战斗机。

徐矿展厅的"贾汪矿工号"雕塑

第一次到访的人都不免暗自好奇，这战斗机与煤炭开采究竟有何关系？其实，这是一枚生动的军功章。抗美援朝期间，徐州矿区为远赴异乡的中国人民志愿军，捐购了这架名为“贾汪矿工号”的战斗机，常年耕耘于地下的采矿工人们，在家国使命的呼唤下，完成了一次间接的翱翔。

这一让参观者振奋、动容的故事，对于徐矿人来说，却是习以为常的荣光。自 1882 年 10 月 5 日徐州利国矿务总局成立，140 年的风雨兼程见证着徐矿传承至今的红色基因。似乎早在成立之初，“利国”这一名字，就注定了这家老牌国企必将与中国的命运紧密相连，以国为先，以人为本，以民族复兴为己任，类似“贾汪矿工号”的传奇故事，在徐矿历史中数不胜数。

洋务运动时期：艰难起步，胡氏父子开办徐州利国矿务总局

徐矿集团的历史，要从胡恩燮、胡碧澂父子说起。

胡恩燮，字煦斋，号愚园，道光五年（1825 年）出生于江宁。胡恩燮家中经营皇宫织锦贡品业务，家境殷实，颇有名望，他自幼喜读诗书，但科举不顺，仕途坎坷，只谋得一个候选知府的虚职。前半生难免失意的胡恩燮并不会想到，临近晚年，他会为民族工业启蒙贡献毕生之力。

虽然早年不顺，但胡恩燮的家国情怀不曾动摇。咸丰三年（1853 年）胡恩燮家中发生变故，太平军攻克金陵，城内官宦人家遭遇杀戮，胡家也未能幸免，家中 11 人罹难，胡恩燮将母亲藏在芦苇荡里的地窖，才躲过一劫。为了表彰他的忠义孝道，清政府还为他建造了孝子牌坊。而后，胡恩燮跟随清军统帅向荣与太平军作战，曾率领水军 300 人于大胜关一带的江面伏击太平军水军；也曾在江北等地为清军筹集军饷，初步展露管理与理财才能。正因此，即便此后胡恩燮不再眷恋仕途，一度淡然于世，甚至放弃升迁考察之机，归家陪伴照顾年迈的母亲，依旧被委以重任，成为徐州近代煤矿奠基者。

最初，这一人选是胡恩燮之子——胡碧澂。

光绪七年（1881 年）九月，左宗棠被任命为两江总督、南洋通商大臣。洋务运动时期，各地陆续兴办兵工厂、轮船运输等新型企业，煤、铁需求大增，左宗棠将目光投向了有着丰富矿藏的徐州，并命徐州道台程敬之择优录用主事之人。当时胡碧澂（字光国）正在程敬之麾下效力，被选中开办江苏利国煤铁，胡碧澂推

举其父胡恩燮更适合担当此职。程敬之多番考察后，得知胡恩燮素有贤名、交游甚广、善于理财，且主办过厘金局，即现在的税务局，当即向左宗棠举荐。

年近六十的胡恩燮再次出山，担任徐州矿务总办，胡碧徵作为“提调矿务”加以协助。胡恩燮深知煤铁事宜关系着国家兴旺，早一日开采资源，便是多一分抵御外侮的底气。甫一上任，胡恩燮立即请英国矿师前来勘察，得知徐州“煤苗极盛”“遍野煤田”，胡氏父子欣喜之余，更觉责任重大。

据徐州地方史志记载，1882 年，徐州发生了两件大事，均与胡恩燮有关。一则是 10 月 5 日“利国煤铁矿务局”正式创办，选址利国驿小北山，认领矿山 10 座；另一则是“12 月 13 日，应胡恩燮之请，左宗棠上书请光绪皇帝《为开采徐州铜山县境煤铁援案》奏折，请减税银。光绪帝降旨照准”[①]。

在胡恩燮看来，建矿开采只是最基础的工作，更重要的是要推进中国煤炭行业的工业化开采，让利国煤铁矿务局走在民族工业启蒙的最前线。他倡导因地制宜、煤铁兼兴，以期“有警则军国之备无虞，无警则富强之基以立”；也主张取法于西洋公司，集资采炼，筹集商股，发行股票，引入西方民营企业管理方式推动徐州矿务的现代化进程，徐州利国矿务局成为中国第一批股份制企业。

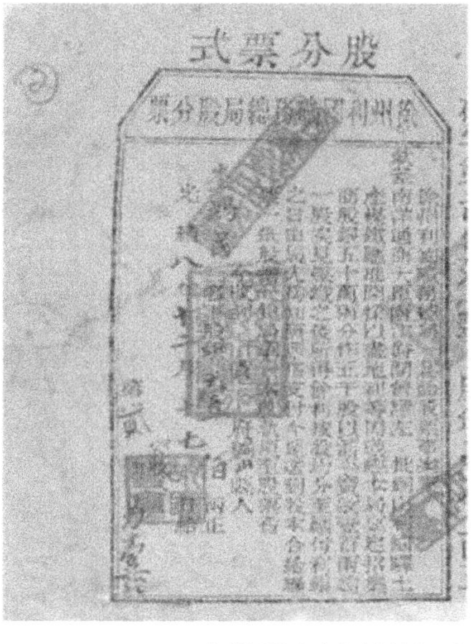
股分票式

徐州利国矿务局的股票

① 董献吉：《徐州百年大事记》，复旦大学出版社 1989 年版，第 1 页。

然而现实总是坎坷的，特别是在那个内忧外患的年代，民族工业蹒跚起步，风雨飘摇。利国煤铁矿务局创办伊始，购置设备、人工薪水已超负荷，胡氏父子决定暂时搁置采铁计划，集中力量开采煤矿，事实证明这一选择是明智的，一定程度上为初生的矿局规避了捉襟见肘的尴尬。但考验远远没有结束，最初开采的蔡山煤矿于 1884 年初正式出煤，全局欢欣鼓舞，然而不久，地下水涌入，矿井施工困难，胡氏父子万分不忍，却也只能放弃刚刚投入生产的蔡山矿。在徐州矿务披荆斩棘的百余年中，人类与地下水文条件的博弈从未停止，时至今日，这些曾经困住英豪前辈们的难题已被徐矿人用智慧、科技与勇气一一化解，其中也不乏矿大人的科研支持，当然，这些已是后话。

痛定思痛，胡恩燮重新选址青山泉，并总结经验教训，引进抽水机。《煤说》中，胡恩燮写道："井中之水如多，必设提水机器，方有干土可容煤夫，煤壁煤穴亦必多用大木支撑。凡煤夫最惧地水，地水将至，煤带红色，谓之挂红，即不令煤夫下井。"[①]除了地下水患的预防与治理，胡恩燮还关注矿井支护、井下通风等问题。在任期间，他购置钻地机、提煤机、水汽锅、避火洋灯、通风机等先进工具，不仅提升了矿局的勘探生产能力，也尽力为矿工提供安全保障。胡恩燮对民生的关怀不限于此，他提出让煤炭工人轮班工作，为轮值结束的工人提供沐浴条件和治疗伤病的药物，方便矿工会见家人，以期"人人有生人乐趣"，胡恩燮的悲悯情怀可见一斑，这些福利也延续至今，成为徐矿"家文化"的最初底色。

虽然胡恩燮为利国煤铁矿务局费尽心力，开视野、引器械、倡民生，但依旧难敌现实困境。蒸蒸日上的矿局产量遭遇运输条件限制，只能本地销售，大批煤炭堆积，资金难以周转；且露天存放长期风吹日晒，不仅使上等品质的煤炭降为中等，还存在自燃隐患……为了筹办利国煤铁矿务局，胡恩燮已变卖家产、积劳成疾，加之母亲逝世对他的巨大打击，1887 年胡恩燮辞职回南京养病，徐州矿务的重担转交到胡碧徵的身上。

胡碧徵继承了父亲的开明思想与实干精神，在兴办矿务的同时竭尽所能服务地方，但巨额亏空让利国煤铁矿务局难以为继。彼时鼎力支持徐州矿务的左宗棠已撒手人寰，为保父子二人心血不致付之东流，更为保住民族工业起步时期的珍贵血脉，胡碧徵只能前往天津拜谒李鸿章，请求"将全矿归公，由海军衙门筹款大办"。李鸿章考虑到利国煤铁矿务局的资源潜力和徐州地理位置发展军工事业的特殊性，本已有心接手，奈何海军经费已挪用于修缮颐和园，只能建议盛

---

① 胡恩燮：《煤说》，载于《白下愚园集》，南京出版社 2015 年版，第 307 页。

宣怀接办。

接下来的十余年，利国煤铁矿务局几经转手，数次更名，在波折中艰难求存，抓住每一次机遇奋力发展。1906年，已更名为贾汪煤矿公司的利国煤铁矿务局面临无人负责、停办年余的困局，已近垂暮的胡碧徵带着从亲友中筹集的资金，带着父亲的遗愿，带着自己青年时的憧憬与理想，再次回到徐州，接办贾汪煤矿。而后接任他的，是昔日利国煤铁矿务局的旧股东袁世传。洋务运动时期，许多民族工商业者选择征集商股，胡恩燮也为此拟定《招商集股采炼煤铁章程》，时隔多年，依旧影响着徐州矿务的前路方向。

1912年，年迈的胡碧徵追随父亲胡恩燮当年的脚步，返回南京愚园。"蟋蟀啼不止，虚斋秋夜长。隔帘见河汉，云影淡微茫。竹树弄疏响，罗衣生嫩凉。流萤解人意，来照读书床。"[①]胡恩燮的这首《秋夜》，依稀可见几分隐居于世的怡然，看破世事的通透。这种精神也渗入胡碧徵的人生态度，时代乱局、命途多舛，反而造就了一代儒商坚毅、淡然的品性。

胡氏父子为徐州矿务尽心竭力，鞠躬尽瘁，当他们奉献了全部年华，在愚园把酒对月回望自己的来路时，想必常常惦念着这家凝聚了父子二人无数心血、也承载了民族工业无限希望的矿局。而徐矿的红色传奇，正刚刚开始。

抗战前夕：第一名共产党员与第一个党支部

1927年，南昌起义燃起的红色火种在神州大地迅速蔓延。到了这一年，袁世传已病逝，其后人无力经营矿局，上海远记公司以"代办"形式接手了贾汪煤矿。时局动荡不安，企业经营不善，生活在水深火热中的矿工们，迫切期待着新的希望。

1928年，徐矿历史上的第一名共产党员鹿周继，悄无声息地潜入贾汪煤矿，掀起一系列惊天动地的工人活动。鹿周继1901年出生于徐州邳县戴庄乡野场村，对他而言，这是一次最独特的返乡。

此前，鹿周继在湖南长沙做铁路工人，并加入中国共产党。1927年5月，热血青年鹿周继和工友们一起参加了湖南总工会组织的大罢工，但这次活动被镇压，鹿周继也被解雇。回到老家的他在堂兄鹿卓继的引荐下，对接到中共铜山县

---

① 胡恩燮：《秋夜》，载于《白下愚园集》，南京出版社2015年版，第88页。

委。在中共江苏省委拟定的徐海地区工作方案中，强调依循区域实际情况，建党活动不仅要以广大农村为重点，团结农民；也要尤其注意贾汪煤矿，团结工人。鹿周继就这样被派到贾汪煤矿，以矿工身份作掩护，在工人集体中发展党员、开展党的地下活动。

鹿周继(左二)

此时的贾汪煤矿笼罩在资本家的残酷压迫之下，矿工的工作环境本就艰苦，薪酬又被一减再减，根本无法养家糊口。鹿周继的到来，不仅给了工友们信心与希望，更带来了党组织的现实关怀与前进方向。鹿周继一边在矿区发展了丁胜银、周彦青、马广胜等人加入中国共产党，一边静候时机，为下一步的工人活动做准备。

机会很快就来了。在鹿周继来到徐矿的第三个月，一场资本家与农民、工人之间的矛盾不断激化，民愤汹涌。1928 年冬天，远记公司为了修复 1、2、3 号矿井，并开设 4、5 号新井，在贾汪地区大量收购窑木，资金不足只能赊账。欠条到期后，远记公司非但没有付款，还派人殴打前来讨要欠款的乡邻，一时间群情激愤。鹿周继迅速将此事汇报给党组织，徐海蚌(徐州、海州、蚌埠)特委和铜山县委十分重视，分别派人协助鹿周继领导罢工斗争。

12 月 23 日(农历十一月十二日)，“窑木斗争”爆发，这也是贾汪煤矿工人的第一次罢工斗争。为了便于领导群众，鹿周继等人转买了七吊钱的欠条，顺利融入讨账队伍中，并发动矿区周围周庄集、邵家楼、薛家湖、小塔山等地八百余人，共同向资本家催讨欠款。最初，矿场经理李剑池紧闭房门，拒绝面谈，直到大门被愤怒的群众用枕木撞开，李剑池迫于工农联盟的力量，只得妥协，提出派代表谈判。大家当即选出鹿周继、赵龙云等代表，代表们据理力争，坚守群众的利益底线，最终使得远记公司先偿还 30% 欠款，并承诺剩余欠款在十天内还清。

“窑木斗争”的胜利，如同一针强心剂，让贾汪地区的工农联盟备受鼓舞。鹿周继也在这次斗争中树立起威信，此后开展党的活动更加顺畅。

1929 年 5 月 10 日，贾汪镇泉西村的一户普通农家里，正在召开中共贾汪煤矿支部第一次党员大会。这里是鹿周继舅父丁胜奎的家宅，中共江苏省委、徐海蚌特委、铜山县特委的代表与支部党员们汇聚在此，与支部书记鹿周继共同商议贾汪煤矿的红色未来。而后，在中共江苏省委的支持下，鹿周继和支部党员们全力以赴，健全党的组织，完善支部生活，积极吸纳产业工人加入党员队伍。

1929 年 10 月，曾因建设欠款引发“窑木斗争”的 4 号、5 号矿井，又催生了新的抗争。远记公司在新矿井打进 100 多米，仍未探寻到炭层，为了填补高额成本的亏空，远东公司竟以 1 号矿井失火封闭、煤炭运输受限等借口，肆意克扣矿工工资。

中共贾汪煤矿支部再一次发挥作用，支部书记鹿周继和工会常任理事傅宗歧组织千余名矿工罢工抗议，并组成 100 多人的矿工纠察队包围了矿场经理李剑池的住宅。惊恐中的李剑池贿赂军阀部队前来镇压，工人们关闭铁道门进行阻止，双方发生激烈冲突，平日用来开采煤矿的揿把、锄头，在这一天成为矿工们开拓正义之路的武器。

当晚，多名工人负伤，但矿工们的奋不顾身、勇往直前再次展现出工人阶级的无畏与魄力。傅宗歧等工会代表迅速通电全国，控告资本家拖欠工资、勾结军警、镇压工人的恶行。当时，全国人民都处在时代的岔路口，“大闹铁道门”事件成为投入黑暗现实的一颗石子，瞬间激起万千回应。徐州市内，各行各业的工人们走上街头，集会声援；全国各地相继发来电报，舆论沸腾。李剑池和远东公司迫于重重压力，不得不支付伤病费用、补发工人工资。

在党组织的领导下，矿工们在与资本家的抗争中一次次取得胜利。1929 年 11 月 14 日，中共徐州县委给江苏省委的工作报告中，高度评价贾汪煤矿的罢工斗争“形式多样富有成效”。从 1928 年到 1930 年，抗战前夕的神州大地，在暴风雨来临前的表面宁静下，燃起无数红色星火，贾汪煤矿工人的数次罢工斗争，离不开鹿周继等党员的斗争策略、党组织的方向引领，也彰显了工人们铮铮铁骨百折不屈的抗争精神。

抗日战争时期:“红色资本家”刘鸿生再续徐矿红色火种

1930 年下半年,蒋介石发动多次大规模“围剿”。徐州“吴窑暴动”失败,鹿世昭等人被悬赏缉拿,徐州党组织活动暂处低潮,鹿周继也被调出贾汪煤矿。次年夏天,中共铜山县委派遣戴晓东夫妇等四名党员进入贾汪煤矿,接替鹿周继,延续革命火种。

1931 年,徐矿面临新一轮转手,也迎来了发展转机,因为这一次的实际投资人是兼具经济实力与爱国情怀的“红色资本家”刘鸿生。

刘鸿生

刘鸿生 1888 年出生,白手起家,一路打拼成为中国近代史上有名的“火柴大王”,实际上,他也是名副其实的“纺织大王”“煤炭大王”,其中,煤炭对于刘鸿生来说更是有着非同一般的意义,可以说是刘鸿生商业版图的第一块基石。

年少时的刘鸿生天资聪颖又勤奋好学,17 岁考入圣约翰大学,大二时受到校长卜航济赏识,想送他赴美留学,以便归国后担任牧师兼英文教师。丰厚的薪酬、顺风顺水的未来规划都没能打动这颗赤子之心,刘鸿生不愿做牧师,甘愿放弃出国,因此被斥责为“上帝的叛徒”,被迫肄业。刘鸿生只能凭借扎实的英语功底,进入上海开平矿务局当推销员,他踏实肯干,在 24 岁时升任买办。

这一时期,第一次世界大战爆发,西方列强搏杀于欧洲战场,中国获得喘息之机,民族工业趁机茁壮成长。同时,战争对煤炭的需求大增,刘鸿生任职的开平矿务局,在上海的年销量从 20 世纪之初的几万吨,一跃上升至 1914 年的 39 万吨,到了 1917 年,这个数字递增为 51 万吨。

煤炭销量猛增也让刘鸿生赚到了第一桶金。他租了轮船运煤,赚取差价,当时开平矿务局在秦皇岛交货时煤价约为每吨银 6 两,而运到上海后,煤价可达每吨银 14 两,刨除运输费用,刘鸿生用三年时间攒下了百万两银子作为启动资金。他也曾想在上海租界过上奢靡生活,但是几年的工作经历,让他看到外国势力在华横行,看到世界发展日新月异,也看到中国的落后、屈辱与艰难。青年热血被一次次爱国运动唤醒了,他开始捐款办学,也开始兴办企业,开眼看世界的刘鸿生深知想要改变国族命运,需要科技,需要资金,需要实实在在的实业救国。

1929 年 12 月,刘鸿生筹资 80 万元,准备接办徐州煤矿。1931 年 2 月 7 日,华东煤矿股份有限公司(The East Coal Mining Compang,Itd.)正式成立。此时刘鸿生面对的,是多年挣扎后几近停产的贾汪煤矿,而华东煤矿即将迎来的,是具有科学管理经验的掌舵者,以及触底反弹后的另一个春天。

彼时刘鸿生还在担任开平煤矿总经销,为了尽量避免产生合同纠纷,刘鸿生对外宣布的身份是出资人,并未担任董事长等职务,但实际上决定着华东煤矿股份有限公司的发展方向。

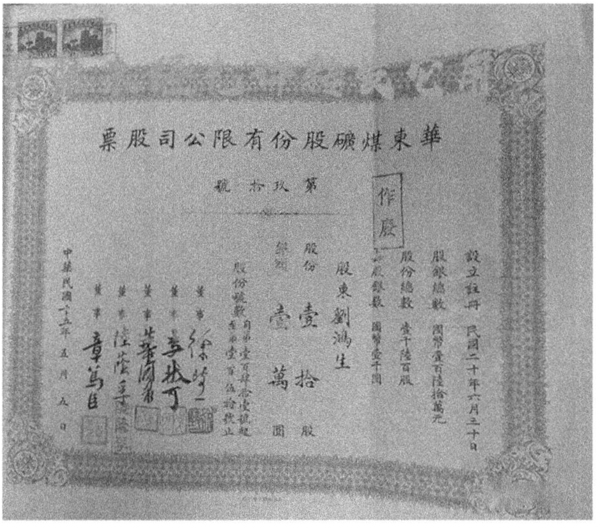
華東煤礦股份有限公司股票
第玖拾號
作廢
設立註冊 民國二十年六月三十日
股銀總數 國幣壹百陸拾萬元
股份總數 壹千陸百股
每股銀數 國幣壹千圓
股東 劉鴻生
股份 壹拾 股
銀數 壹萬 圓
股份號數
董事
董事
董事
董事
董事
中華民國二十五年五月五日

刘鸿生所持股票

主理徐州煤矿期间,刘鸿生借鉴现代化的管理模式,一是在用人方面,因时制宜选拔贤能。华东煤矿公司初建时,董事长和总经理分别是刘鸿生的好友李拔可、程文勋,确保公司平稳起步,而后聘请章祐、顾宗林出任,以便拓展销售渠道,并邀请毕业于美国的硕士江山寿当矿长。

二是引入现代企业制度,在实践中摸索所有权与管理权的分离。一方面明确董事会为最高权力机关,定期召开会议。另一方面发挥专业人才的长处,避免此前外行指导内行的矛盾,由总经理主持南京办事处,主管经营;矿长坐镇贾汪矿场办事处,主管生产。

三是积极应对市场变化,完善企业组织结构和奖惩制度。不仅在上海、南京、徐州分别设立经营机构,各经营机构分别下辖会计、运输、营业、警护、总务等不同科室,分工协作,各司其职。刘鸿生在高薪吸引人才的同时,也采用承包制、计量工资等方式激励矿工多劳多得,有效提高矿井产量。

刘鸿生与生俱来的企业家精神与冒险家气质,也深深影响了徐州煤矿的发展走向,以股份制筹集雄厚资金破解困局,以蒸汽、电力设备提升机械化水平……从1931年到1937年,徐州煤矿发生了翻天覆地的变化:矿山规模扩大、矿区面积激增,据考证这一时期徐州煤矿产量不断攀升,"1934年达到24.7万吨,1936年达到34.7万吨,比1928年增加5倍"[①],经济效益终于实现扭亏为盈。

直到1938年,日本侵略者占领徐州煤矿,虽然刘鸿生坚决抵制日军的威逼利诱,全力周旋,但依旧无力抵挡,只能保持民族实业家最后的气节,宁可弃产,绝不合作。

日军强行霸占徐州煤矿七年,掠夺开采、压迫矿工、无恶不作,甚至改矿名为"柳泉炭矿"。1941年初,在中共铜山工委的支持下,杨光、鹿周继陆续回到贾汪煤矿,开展地下活动。到了年底,太平洋战争全面爆发,日军出于"以战养战"的需求,不仅进一步疯狂开采煤炭,还变本加厉地剥削矿工,克扣口粮,鹿周继等党员带领矿工再次发动争粮斗争,维护矿工生存权益。

1945年,抗日战争结束,刘鸿生终于可以重返华东煤矿股份有限公司。同年12月20日,华东煤矿代表徐季良与日本柳泉炭矿株式会社代表斋藤弼州办理了移交手续,徐州煤矿终于摆脱奴役,重新回到欣欣向荣的发展轨道。

抗日战争期间,刘鸿生的现代管理模式,为徐州煤矿开拓出发展之路;鹿周继等党员解救矿工于危难的家国情怀,为徐州煤矿指引了精神方向。两股力量在徐矿历史上并行不悖,留下了浓墨重彩的抗战故事。

1944年,鹿周继曾短暂调离贾汪;1949年后,这位为徐矿送来红色火种的先行者再次回到家乡,出任徐州市交通局第一运输公司工会主席,直至1983年退休。

刘鸿生则继续坚守着徐州煤炭事业,以超前的眼光、卓越的眼界,全盘布局,反戈一击,一度被外国资本视为最难缠的竞争对手。外国资本的处处为难、步步设限从来没能减缓刘鸿生的脚步,反而坚定了这位"红色资本家"统筹资源、劳动、资本三要素的决心。在刘鸿生带领徐州煤矿起死回生,走向繁荣,走向现代

① 姜新:《刘鸿生与徐州煤矿》,《中国矿业大学学报(社会科学版)》2012年第3期,第105页。

化的过程中,徐州煤矿也成为刘鸿生的人生转折点,见证了他从行业买办到实业救国的红色转型。

解放战争时期:打响淮海战役的“第一胜利”

当时间来到解放战争时期,徐矿在恢复生产的同时,积极支援中共活动。1948 年 11 月,张克侠、何基沣在徐矿夏桥井办公楼发动“贾汪起义”,取得淮海战役的第一次胜利。

作为红色特工的张克侠,有着二十年的卧底经历与令人动容的传奇人生。早在 1923 年,张克侠军校毕业后成为爱国将领冯玉祥的部下,姻亲关系的联结,让本就能力超群的张克侠更受器重。1927 年,张克侠到莫斯科中山大学学习,初次接触到进步思想,大受触动,当即向党组织递交入党申请书。但组织尚未来得及批准,国内局势一度颠覆,蒋介石叛变,大革命失败,张克侠被送回中国。回国前,党组织与张克侠进行了谈话,不仅肯定了他在白色恐怖时期积极入党的决心,也为他联系了同行的党员张振亚作为联络员。

回国后,张克侠重返西北军,先后担任少将参谋长、干部学校校长、副总司令等职,在山东、河南一带从事抗日工作。张克侠接受过正规的军事教育且机敏过人,在抗日战斗中屡立战功,被称为西北军系统的“智囊”。1946 年,张克侠借为冯玉祥送行之机,终于在南京见到了周恩来,并汇报了徐州地区的情况和组织起义的打算,周恩来的秘密接见大大鼓舞了张克侠的起义信心,明确了接下来的斗争策略:策动高级将领,打击顽固派,组织大部队起义。张克侠先是与新四军军长陈毅联手,策反了国民党新编第六路军中将总司令郝鹏举,使郝鹏举率两万余人在台儿庄前线起义,给蒋介石以沉重打击;1948 年 10 月,淮海战役即将打响,张克侠开始筹备贾汪起义……

与此同时,何基沣也开始了起义的准备工作。与张克侠一样,何基沣也是中共特别党员,虽然按照组织原则,两人并不互通身份,但往往谈论时局时,观点上的志同道合也让两人心有灵犀。何基沣曾打响中国人民抗战第一枪,1937 年 7 月 7 日,日军攻击卢沟桥中国守军,何基沣亲临现场指挥还击,并在谈判中与日军坚决对峙,誓死抵抗。然而日军不断增援,何基沣孤军作战,鏖战三天两夜终究寡不敌众,这成为何基沣的一生之痛,也让他看到了国民党的虚伪怯懦,同年年底,《西行漫记》为何基沣指引了新的方向。

何基沛的部属李荫南是一名卧底在国民党部队的中共党员，不仅为何基沛推荐了《西行漫记》，还辗转引荐何基沛面见周恩来，周恩来极为赞赏何基沛在卢沟桥的坚决抗日，甚至周密安排何基沛秘密访问延安。一个月的延安生活，彻底让何基沛找到了救国救民之路，此后，他不仅加入中国共产党，且多次为新四军通报消息、筹集武器。

于是 1948 年 10 月，当蒋介石派顾祝同到徐州为张克侠、何基沛授予"中正剑"时，并不知道这即将是他在淮海战役遭遇的第一次重创。"中正剑"是蒋介石为拉拢部分国民党将领，特意在德国定制的一批佩剑，剑柄上还刻有"校长蒋中正赠"字样，当时身为第三绥靖区副司令官的张克侠，和绥靖区副司令官兼第七十七军军长何基沣，自然是蒋介石重点拉拢的对象，因此后人也称张克侠、何基沛为"佩剑将军"。1982 年，长春电影制片厂还以此为原型，拍摄上映了军事题材剧情片《佩剑将军》，这一段惊心动魄的卧底经历和摄人心魄的民族大义渐渐为人所熟知，让改革开放初期的民众倍受感染。

《佩剑将军》连环画

"佩剑将军"的起义，历经重重险阻，何基沛曾到重庆以"受训"名义接受审查；起义前夕张克侠也受到徐州第三绥靖区副司令官冯治安的怀疑，多次阻碍他接触部队。1948 年 11 月 8 日凌晨，张克侠趁冯治安不备，先斩后奏，以与部队同生死共患难为由来到前线，只为与何基沛配合，让开运河防线，确保我军顺利

《佩剑将军》剧照

渡河。上午10点,张克侠、何基沣率领两万余人,阵前起义,并在贾汪、台儿庄地区与解放军汇合,成功歼敌。党中央给予这次起义极高评价,称其为淮海战役的"第一个大胜利",彻底打乱国民党军的战力部署,为淮海战役的最终胜利奠定了良好的开局。

张克侠、何基沣贾汪起义,也造福了贾汪煤矿的矿工,在夏桥煤矿旧址,还留有纪念遗迹。

解放战争期间,徐矿内部也涌现出一批可歌可泣的红色传奇。比如1950年获评第一批"全国劳动模范"的王景全,带着自幼习得的一身好武艺和党组织的思想指导,于1946年潜伏到贾汪煤矿,曾被誉为"矿山守护神":为保煤矿安全,尽力组建护矿队、击退武装匪特;为了支援前线,帮助华东野战军架设浮桥、全力支援前线物资……在王景全等人的带领下,贾汪矿工在解放战争中做出突出贡献。

新中国成立以来:从"贾汪矿工号"战斗机到改革先锋

"经历了时代变迁、战火洗礼,伴随着中国革命进程,见证了新中国成长的煤海明珠,一路燃烧,一路奉献,开启了中国民族工业的启蒙,为中国革命和经济建设贡献了徐矿力量。"在新中国成立70周年时,《中国煤炭工业》以"壮丽70年,奋斗新时代"为专题开设专栏,刊载了《百年徐矿:用先锋精神唱响煤炭工业高质量发展凯歌》。文中如是总结从建矿伊始到新中国成立,半个多世纪中徐矿的风雨历练与红色血脉。

新中国成立以来，徐矿选择的道路，更是一条写满忠诚、勇气、创新的探索之路。在新中国面对艰难险阻时，徐矿始终与党和国家站在一起，奔赴在关心国计民生、践行国企使命的征途中。

1950 年 10 月，中国人民志愿军赴朝作战，揭开抗美援朝的序幕。初生的新中国，刚刚结束多年战乱，国内经济有待复兴，国外战场缺医少粮。1951 年 6 月 1 日，抗美援朝战争的第二阶段即将开始，中国人民抗美援朝总会向社会各界发出《关于推行爱国公约、捐献飞机大炮和优待烈军属的号召》，迅速得到热烈响应，半个月后，中国煤矿工会华东区筹委会致电贾汪矿区工会，指示贾汪捐献一架战斗机。一架战斗机需要 15 亿元，这需要贾汪煤矿动员全体矿工，将爱国增产节约运动落到实处。

那时徐矿最流行的口号是“拿现场当战场，拿工具当枪炮”“节约一个道钉，打死一个美国兵”，矿工们将对前线的牵挂、对胜利的希冀、对祖国的信心寄托在每一日的工作里，夏桥井、韩桥井等矿区多次打破生产效益记录，其中李均亭等 3 人实现了 7 小时采煤 258.8 吨，创下全国风镐采煤最高纪录。

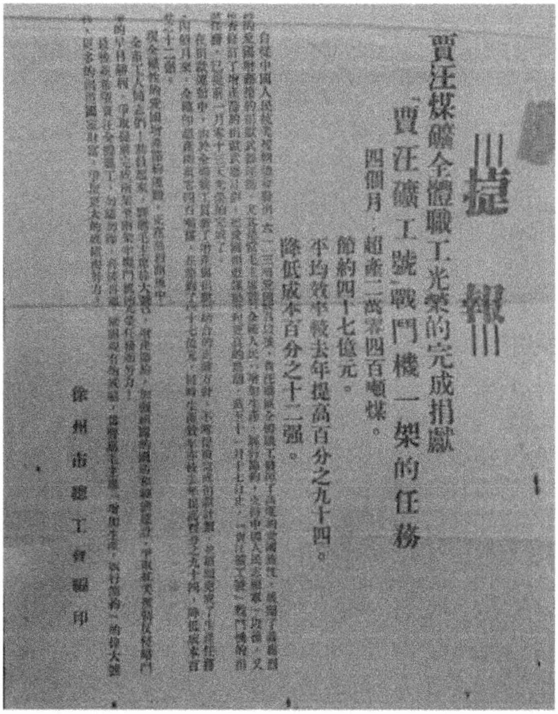
捷報

賈汪煤礦全體職工光榮的完成捐獻

「賈汪礦工號」戰鬥機一架的任務

四個月，超產二萬零四百噸煤。

節約四十七億元。

平均效率較去年提高百分之九十四。

降低成本百分之十二强。

徐州市總工會聯印

捐献“贾汪矿工号”战斗机后，徐州市总工会发来捷报贺信全矿上下齐心协力,不仅提前完成认捐任务,还超出捐献额度,总共节约196 000 000元(旧币)。于是徐矿有了"贾汪矿工号"的故事,抗美援朝战场上,多了一份祖国矿业工人的赤诚。

1977年徐矿跻身全国千万吨大型矿务局之列

到了改革开放的前一年,徐州矿务局年产量突破了1 000万吨,正式迈入全国特大矿务局之列。而后,在改革开放的春风下,徐矿勇于尝试,为国争先,1983年率先在行业内实行经济总承包,1992年率先放开煤价走向市场……在中国特色社会主义道路上,留下一个个扎实、坚毅的徐矿足迹。

在红色血脉的传承中,徐矿参与了近代中国的顽强挣扎,见证了新中国的光辉诞生,致力于改革开放以来的行业腾飞。就在2022年,徐矿集团成立140周年之际,记录着红色基因的徐矿展厅,成为了新晋党史学习教育打卡地。6月22日,徐矿集团被江苏省能源局授予"全省能源系统红色教育基地"称号,9月6日,徐矿展厅、佩剑将军起义旧址被授予"全国煤炭行业红色教育基地"称号,中国煤炭工业协会纪委书记张宏在基地揭牌仪式上高度赞扬徐矿集团的党建工作。"坚守红色信仰浴血奋斗、传承红色基因艰苦创业、发扬红色精神改革奋进、赓续红色血脉转型蝶变",这也正是对红色徐矿最中肯的评价。

“一堂生动的党课”：矿大与徐矿创新党建合作模式

2021年6月16日上午，徐矿大厦里，一场别开生面的学习会正在进行。如火如荼的分享交流，紧锣密鼓的思想碰撞，让这堂党课格外生气勃勃。

这是一次中国矿业大学与徐州矿务集团党建合作方面的新探索，以“胸怀‘国之大者’：百年党史中的中国矿业大学与煤炭工业发展历程及‘双碳’背景下的新时代新作为”为主题的联学，不仅深化了矿大与徐矿的合作程度，更是将“矿大与大矿”的合作史、奋斗史、发展史与百年党史相结合，坚定红色信仰，传承家国情怀。

“这种校企联合的学习方式形式新、效果好，是一堂生动的党课！”教育部党史学习教育高校第七巡回指导组组长秦绍德，对此赞不绝口。

当天，教育部党史学习教育高校第七巡回指导组也来到了现场，组长秦绍德带领副组长仝兴华等，以及组员桑伟林、张毅、肖素平，和矿大、徐矿的领导干部共同研学。学习会由中国矿业大学党史学习教育领导小组组长、校党委书记刘波主持。

刘波书记首先将中国矿业大学的发展历程概括为“因煤而生、因煤而兴”“听党话、跟党走”，14次搬迁，12次易名，从近代时期的救亡图存，到数次迁校的辗转办学，再到改革开放后实现中兴，特别是自习近平总书记考察徐州后，近五年

学习会现场

矿大不忘初心蓄力前行。112 年的办学历程，可谓是“与国家同向共进、与行业休戚与共、与地方同频共振”。

刘波书记从漫漫校史中总结出了矿大的前进密码：“一是必须始终坚持党的正确领导，牢牢把握社会主义办学方向，将学校发展厚植于实现中华民族伟大复兴的宏伟事业中，不断增强‘四个服务’的能力；二是必须立足行业发展战略需求，落实好立德树人根本任务，培养一流人才建设国家、造福人类；三是必须坚持特色发展，走以优势求突破、以特色促发展的世界一流大学建设之路，积极服务国家能源战略和地方经济社会建设，助推行业转型升级，助力区域高质量发展；四是必须弘扬艰苦奋斗、自强不息的办学精神，进一步凝心聚力，激发全校师生员工投身学校事业发展的不竭动力。”

在加速发展的新时代，矿大更要肩负起行业特色高校的使命，加快能源资源特色世界一流大学建设步伐，紧跟国家需求，为能源安全战略提供科研力量，为生态文明建设修复地方生态，为“碳达峰”“碳中和”献计献策、实践先行。除此之外，刘波书记尤为强调党史学习教育的重要意义，“要通过深入开展党史学习教育，切实做到学史明理、学史增信、学史崇德、学史力行，把小我融入大我，为加快建设能源资源特色世界一流大学和实现中华民族伟大复兴贡献智慧力量。”这是矿大的目标与要求，也是每一位矿大人的时代呼声。

徐矿集团也从百年中共党史引领百年徐矿征程讲起，学习百年党史，汲取智慧与力量;回望奋斗历程,激发勇气与胆识。知史爱党、知史爱国,徐矿集团在党史教育中获得灵感,获得动力,把握新发展阶段,贯彻新发展理念,服务新发展格局,进一步开拓徐矿之路。进入新世纪的第二个十年,徐矿集团一度面临资源枯竭、矿井关闭的困境,迎难而上、开辟新路成为徐矿面临的最大挑战。徐矿集团新的领导班子果断决策,以坚持党的领导为根本保证,践行新思想、新理念,在学习中不断探索,在实践中不断完善,逐步形成了"以满怀对党的忠诚举旗定向,以满眼都是资源理念经营企业,以满眼都是人才理念选人育人用人,以满腔家国情怀造福职工,以满满正能量凝聚人心"的"五满"理念。

徐矿集团的"五满"理念,"是学习运用习近平新时代中国特色社会主义思想在徐矿集团推进现代化治理的实践创新,是新发展理念与徐矿实际相结合的现实成果,是引领和推动徐矿集团加快转型升级、浴火重生的重要导向,也是徐矿集团党委把方向管大局保落实的经验总结。"①忠诚奋进,正本铸魂,2017 年以来,徐矿集团把采煤塌陷地变为绿水青山,为煤矿工人拓宽就业渠道,不仅破解了困局,还开拓了新局,走出一条资源枯竭型企业转型重生的高质量发展道路。

学习会上,中国矿业大学校长宋学锋也作了专题发言,追忆往昔,矿大与徐矿四十年风雨同行,开展联组学习,不仅有助于持续深化校企合作,也有助于学校更好地落实立德树人根本任务,践行为党育人、为国育才的初心使命。"十四五"期间,中国矿业大学坚持"特色"发展战略,"以特色求突破,以特色带全局,以特色促转型,以特色入主流",扎实推进能源资源特色世界一流大学建设。

中国矿业大学副校长卞正富、周福宝,以及同为矿大校友的徐矿集团党委委员、副总经理、总工程师陈清华,也就校企联动、"智慧矿山"、协同育人、能源安全等方面进行深入交流。

"胸怀'国之大者':百年党史中的中国矿业大学与煤炭工业发展历程及'双碳'背景下的新时代新作为"主题联学,实则是矿大、徐矿党建工作的一次经验升华。早在 2021 年 3 月,徐矿集团已根据党中央统一部署,召开党史学习教育动员大会,并实施"固本立根、铸魂立心、修身立节、建功立业"四立行动,组织开展了 10 大系列活动和 30 项重点工作。7 月,徐矿集团党委举办学习贯彻习近平总书记在庆祝中国共产党成立 100 周年大会上的重要讲话精神暨"学党史、办实事"现场研学……丰富多样的党建活动,成为徐矿集团精神动力的不竭来源。

2022 年 3 月 4 日,刘波书记再次带队来到徐矿集团,在参观中体悟徐矿悠

---

① 沈和:《百年徐矿:新发展理念的实践标杆》,中共中央党校出版社 2021 年版,第 9 页。

久历史,在调研中感受行业先锋力量,在座谈中与徐矿领导集体共商育人路径。徐矿多位领导纷纷分享心得,认为“矿大与大矿”的精神矿藏,不仅包括科研、产业、平台方面的合作创新,也包括协同育人的价值导向、奋斗进取的行业精神。

中国矿业大学党委书记刘波一行到徐矿集团调研

矿大与徐矿之间拥有着天然的共情,珍惜着特殊的缘分,继续在为国育才的道路上并肩而行。

从矿大学子到"徐矿好人":
党员模范群英谱

中国矿业大学自成立以来,培养了一批又一批的专业人才,他们中的许多人走进徐矿发挥着自己的特长,并逐渐成长为中坚力量。这些矿大学子不仅在专业方面学有所成、技术过硬,而且将矿大精神一并带出校门,融入工作当中。虽然分布于不同的岗位,但他们各自都积极发挥着党员的先锋模范作用。

魏德顺:把行善化为生命的底色

"因为自己淋过雨,所以总想替别人撑把伞",这句话放在魏德顺身上再合适不过了。

1988 年,魏德顺出生于徐州市沛县龙固镇三河尖村一个普通的农户家庭,因为经济来源有限,魏德顺三兄妹很早便开始为生计而奔波,大妹妹甚至 16 岁便辍学南下闯荡。魏德顺虽然顺利读完了职业大专,但一想到妹妹只身一人外出打拼为自己积攒学费的经历,还是不由得心疼和愧疚。

曾经在贫苦中挣扎过的魏德顺对同样遭遇困境的人格外能感同身受,也因此迫切想要向他们伸出援手。还在学校读书时,魏德顺就曾将自己省吃俭用存下的100多元零花钱,尽数赠与山东德州一名生活困难、无钱治病的多胞胎孕妇,虽然当时的他尚未实现自力更生,但依旧隔着电视屏幕深切感受到了那位孕妇及其家人的窘迫,实在不忍袖手旁观。

学生时代的魏德顺饱含一腔热血,总是试图帮助更多的人。2008年5月12日,汶川发生特大地震,一时之间全国各地纷纷组织捐款援助。因为手头并不宽裕,魏德顺这次选择了出力,直接去灾区参与抗灾抢险工作!尽管并未正式入党,但已经参加过入党积极分子培训班的他总感觉自己必须做点什么。完成学校安排的实习工作后,还处于支气管肺炎状态中的魏德顺没有思忖太多,迅速将想法付诸行动。查询到部分前往灾区的火车依旧通行,他简单"通知"了家人,随后便踏上前往绵阳的特别之旅。

"真的是惨不忍睹!"回忆起所见景象,魏德顺至今还是忍不住唏嘘感叹,"房屋能塌的全部塌了,没塌的也出现很大很长的裂缝,一个人的拳头都能伸进去。"就住在这样的震后危房中,承受着随时可能到来的余震的威胁,魏德顺坚持走完了绵阳市下辖的6个重灾区和3个轻灾区,完成运送食物等力所能及的工作。前后三十余天的时间里,他经历了十多次余震,其中最高的足有6.9级,魏德顺称当时鞋都顾不上穿便赶紧往外跑。不过当时的他并没有太紧张,一来频繁的余震让他锻炼出了适应能力,二来灾区人民乐观的精神一直感动和鼓舞着他再难也不能放弃!

2010年,魏德顺参加工作,有了自己的收入来源,公益事业对他来说更成为一项必须坚持,也更加游刃有余的事情。2010年4月青海玉树地震,2011年新疆伊犁地震,魏德顺都在第一时间进行了捐助。

更让魏德顺牵挂的还是那些和自己一样出身寒门的学子,他从来没有停止过对他们的特别关注。2011年春节放假期间,中国扶贫基金会和中央电视台联手打造了七场公益性节目,其中包含扶贫、救孤、打拐、助残等,魏德顺看在眼里,记入心中,脑海里不断浮现出那些贫困学子艰难求学的场景。节后矿上安排魏德顺到山西创业,大年初六他便离家赶赴山西朔州西易党新项目部。一路上魏德顺不断在网上搜索相关资料,到达单位的第二天,又向中国扶贫基金会打电话咨询捐助事宜。当时社会上出现了一些负面新闻,部分慈善机构的公信力也因之大打折扣,思忖再三,魏德顺还是决定亲自到中国扶贫基金会进行实地考察,了解捐助对象和捐款方式。

3月的一天,趁单位放假之机,魏德顺坐火车赶赴北京。事情并没有想象中那么顺利,早上7点到达中国扶贫基金会办公室门口后,魏德顺得知还要2个小时工作人员才会上班，于是只能站在料峭的寒风中耐心等待。所幸接下来事情的发展顺畅了很多，工作人员感动于魏德顺的认真和赤诚，向他详细介绍了“新长城资助大学生项目”，并帮助他选择了成绩优异但家境贫困的北京大学公共管理专业 2010 级一位学生作为捐助对象。确认了捐助的具体事宜以后，魏德顺没有过多打扰被捐助人的生活，他更加懂得并愿意守护这些贫困学子的敏感与自尊，只是每年按时拿出 2 000 元给刘晴作为学费，默默支持着这个素昧平生的妹妹，尽力帮她铲除求学道路上的阻碍，直至其毕业。

此后，魏德顺又参与了中国扶贫基金会发起的“爱心包裹”全民公益活动，为边远山区的孩子们送去学习和生活用品。在魏德顺看来，这样的捐助方式简单便捷，物品流向透明，包裹中的物品也确实为当地小学生所需，能切实改善他们的学习和生活条件。自 2015 年开始，魏德顺把资助小学生的行为固定了下来，正式资助 2 名小学生每人每月 100 元，帮助他们顺利完成小学学业以后，又继续资助另外 2 名，同样直至其小学毕业……

从求学到工作，从积极分子到 2009 年正式成为一名党员，魏德顺一直坚持帮助他人，仿佛这件事情已经融入并化作了他生活、生命的一部分，面对处于困境中的人们，他几乎是出于本能般觉得自己应该为他们做些什么。谈及长期坚持帮助他人的原因，魏德顺表现得很平淡：“我只是尽自己一些小小的心意，尽一点绵薄之力。”哪怕在最困难、最需要钱的时候，他宁可极力压缩自己的生活费，也要把帮助他人这件事坚持下去。在他的观念里，无论自己过得多难，总还要比那些不得已向外求助的人要好些，更何况自己接受了党多年的教育，一切都是理所应当，“我想每一个共产党员如果遇到这种事情，都不会袖手旁观”。

2011 年，因为一次偶然，旗山煤矿修备工区的党支部书记发现了中国扶贫基金会寄给魏德顺的信件，魏德顺悄然行善的事迹逐渐在矿区传播开来，不仅得到矿区同事的称赞，也获得了更多的社会关注，还被推选为徐矿集团“最美徐矿人”、江苏省“我们身边的好青年”。对魏德顺来说，这些是荣誉，更是契机，由此他以身作则感染并带动着身边的工友一起投入到善行义举中，短短几年使旗山矿涌现出更多爱岗敬业、拾金不昧等先进典型，矿区也慢慢形成了弘扬新时代社会主义核心价值观的良好氛围。

2012 年魏德顺进入中国矿业大学函授班学习，就读于采矿专业，在帮助他人的同时，也不断自我提高。工作中他努力学习爆破知识，研究爆破材料性能，合理布置炮孔，减少炸药消耗量，提高了单班进尺，节省了材料费用，创出了多个第一，获徐矿集团技术比武爆破工中级工组第 4 名。生活中他把善行义举当作

魏德顺荣获“十佳徐矿好人”称号

平常事,以平常心将助人行为坚持下去。这样的魏德顺,给矿区,给更多人带来了不平常的温暖与感动。

薛猛:以坚韧之精神做好每件小事

“古之立大志者,不惟有超世之才,亦必有坚忍不拔之志”,在“百年徐矿心向党”的主题征文中,薛猛这样写道,同时他也将这股精神融入学习与工作当中。

2010 年 6 月,薛猛结束学业,走出了中国矿业大学,出于专业对口等原因,他选择了华美电厂,从此开启了自己的职业生涯。作为一名“老”员工,薛猛见证了公司二期的建设和发展,陪同它一起经历了“成长”岁月。回忆起华美二期建设初期,薛猛记忆犹新:“当时现场基本上很乱,什么都没有,可能今天架起一块板子,明天竖起一根钢架。”在从无到有的建设过程中,薛猛并没有旁观和等待,他经常出现在现场,和同事一起观摩、探讨,并用手机拍下许多照片,成为宝贵的留念。当时机组安装、调整和运行的过程偶尔会出现一些无法预料的状况,这对他们来说是问题,同时也是难得的学习机会。薛猛将这次陪伴厂房建设的经历视为一次个人能量的积累，虽已经走出校园，但在更新迭代迅速的社会里，他意识到学习是一件永远不能终止的事情，专业知识和个人技能依然需要在实践中不懈累积和磨炼。

薛猛冒着高温关闭冷渣机的进渣手动门

2019 年 3 月，徐矿集团党委在全体党员中推广使用“学习强国”App，不仅可以学理论、看要闻，还能答试题、晒积分，参与“学习组织之星”“学习之星”等评选表彰活动。薛猛经常抽出空余时间通过软件深入了解党政理论、国家政策，也继续积累新的专业知识。“学习强国”平台上多类型的知识、新闻使薛猛拓宽了视野，长期“驻扎”于此的学习也使他的学习时长在公司党组织中遥遥领先，2020 年薛猛被徐矿集团评为“学习强国”学习平台“学习之星”。

谈及这种坚持学习的行为，薛猛的思维总是会回到在矿大求学的日子。那时候同学之间浓厚的学习氛围和强大的凝聚力对他产生了很大的影响：“当时有个计算机考试，我们班其他宿舍可能还有几个没通过，但我们宿舍一次性通过。舍友们有四川的，有内蒙古的，也有甘肃的，每个人学习情况都不同，但大家聚集到一起很团结，相处非常融洽。”这种共同学习、共同进步的习惯还被薛猛带到了工作当中，在他朴素的观念里，“工作岗位上的互相帮助、互相学习、互相提醒，多多少少也是党员为人民服务精神的一种表现”。每逢新学员到来，薛猛总是将自己所了解到的现场知识毫无保留地传授给他们，当时自己摸索这些现场知识有多么艰难，如今他传授这些知识就有多么热切。

有一次恰逢一号机组在进行连锁实验,向学员细心讲解设备的时候,薛猛发现了一个小问题——控制风机的引压管连接方式错误,很可能导致风机跳闸,进而导致机组跳闸。他第一时间联系了检修人员,对设备进行修复,避免了更大事故的产生。薛猛还热衷于压缩空气系统等一些现场系统的优化改造,提出建议并与其他部门同事一起沟通交流优化方案,为厂区节省了约几十万元。这种种行为都离不开薛猛长期的坚持和积累,在点滴小事中完善自己、帮助他人,也为公司创造价值,一举多得。

薛猛在调整 DCS 系统

从矿大到徐矿,薛猛难以忘怀的还有一份集体荣誉感,它和校训一起在薛猛的工作中发挥着重要作用。2020 年年初,春节的欢喜氛围逐渐被新冠疫情造成的紧张感冲淡,各地病例不断增加。为了维持厂区的正常生产,薛猛每天正常到岗坚持工作,直至疫情基本得以控制,厂区恢复倒班制度,他才有了一丝休息的时间。如今他已经连续两三年,在元旦、春节等节日坚守在岗位上,虽然很遗憾不能陪伴家人团圆过节,但他认为这是自己职责所在,不可推卸,也不应当推卸。2022 年 4 月,因为居住地原因,薛猛的健康码成为黄码,但转绿之后他第一时间与部门沟通,表示可以回厂区上班,甚至可以驻场不回家,继续着自己的职业奉献。

如今薛猛担任华美热电公司发电部全能主值，负责在接班之前和班中的时候，对各个设备的重要辅机、转动机械进行全面检查，班中运行时协调机、炉、电各专业之间的操作，保证安全稳定运行。同时牵头组织并配合值长，做好人员管理和学习工作，对经济指标运行情况负责。琐碎的工作处处是细节，需要很大的耐心与细心，但这对薛猛来说都是义不容辞的。

从 2009 年在矿大正式加入党组织，薛猛始终以党员的身份严格要求自己，虽然和平年代的事业不能惊天动地、轰轰烈烈，但于日常中坚持提高自己，努力做好工作中每一件职责范围内的小事，能够为同事提供便捷，主动帮公司创造价值，更能够彰显普通党员的爱岗敬业精神。

李保东：用“铁手腕”做守护工友安全的“真好人”

成为徐矿的一员于李保东而言并非偶然，一切出于父亲言传身教的影响。

李父作为韩桥煤矿井下的一线工人，在岗时兢兢业业、严谨求实，这使李保东很小便对煤矿产生了浓厚的兴趣和向往。1995 年，李保东只有 20 岁，但已经走上了工作岗位，最开始和父亲一样，他也只是一名一线工人，但本着特别能吃苦、特别能战斗的精神以及不懈的努力，李保东逐渐脱去派遣工、集体工的身份，2008 年转正成为一名真正的煤矿工人。此外，他还一步步从班组长、副区长、区长、科长容升至分管副总。回首往昔岁月，27 年的工作经历和体验让李保东生发出许多感悟，这也直接影响着他如今的管理工作。

庞庄煤矿芦家窑项目部安全副经理，是李保东现任的职务，其中“安全”更是他时刻记挂于心头的职责。自从 2015 年担任掘进主管以后，李保东深切感受到了安全工作的压力，“别的工作达不到 100，可能是 99、98，但安全工作做不好就是 100 没了 1”。煤矿生产不同于其他工作，必须把工人的安全置于首位，一切经济效益的取得都建立在安全生产的基础之上。曾经在一线现场的工作经历让李保东思忖良多，当时无论发生在自己身上还是工友身上的事情都让他清楚地意识到，矿井下生产环境十分复杂，水、火、瓦斯、煤尘、顶板等都有可能成为威胁工人安全的重要因素，但这些都还是次要的，在所有不安全因素里，客观的环境因素相对容易把握，人的不安全行为才最难以掌控。仅仅改善和提高生产环境、条件远远不够，必须从根本上来进行防控，也就是改变管理层与一线工人的思维模式，不断强化大家的安全意识。

确保安全是为一线单位职工保驾护航的最佳方式,李保东经常利用日常安全知识普及和各种宣传活动、定时召开会议等方式来传输安全生产的思想理念。“与其做‘老好人’放纵隐患,威胁工友生命,不如用‘铁手腕’做守护安全的‘真好人’”,在坚守安全生产底线这方面,李保东甚至可以称得上“铁面无情”,他坚定地认为,必须换位思考地去思索问题、事故发生的根本原因,超前进行预防、预控和预判,将安全隐患直接扼杀在摇篮里。

工作中的李保东

李保东的努力取得了很大成效,他不但极大降低了矿区生产事故的发生率,而且带出了一支思想先进、技术过硬、作风严谨的安全管理队伍。本人也先后获得“山西省煤炭系统劳动模范”“朔州市优秀工作者”,徐矿集团“劳动模范”“优秀共产党员”,2018 年三季度“徐矿好人(敬业奉献)”等诸多荣誉。对李保东来说,一切荣誉、成果的取得,除却自身努力,还离不开徐矿党组织的引导和帮助。李保东对徐矿有着深厚的情感,对它未来的发展也持有很大的信心,“2017 年矿井关井重组,很多矿工结算,当时有好多私有煤矿联系我脱离企业,许诺待遇优厚,可是我内心怀着对徐矿深深的情怀,不能脱离这个大家庭。集团公司新的领导班子成立以后,思路清晰,方向明确,更让我坚定了信心,工作必须干实干好,以踏实的工作回报企业”。李保东这么说,同时也是这么做的。

他不断回顾自己从事这一行业的初心，扎扎实实投入工作当中，持续锤炼和提高自己，主动适应时代变化与业务发展。在徐矿这样一个有着辉煌历史的企业，同时作为一名有着18年党龄的党员，李保东将集团的精神文化血脉导入自己的观念深处，并与生命相融合，承诺“在今后的工作中我会继续坚定理想信念，立足本职岗位，不忘初心、牢记使命，用自己的实际行动为企业增砖加瓦，用一往无前的奋斗姿态更好地扛起新使命、践行新担当”。

在徐矿，优秀党员前辈们的事迹也从来不曾被遗忘。从旧时代一路走来的陆金龙亲历过地主的剥削，感念于新中国成立带来的崭新变化，在国家的建设事业中将奋斗精神发挥至极致。在设备简陋，主要依靠人力的时期，陆金龙凭着一股不服输的劲头，全身心投入工作，在开采地下能量的同时，也开拓出自身的光与热，多次创造了“月进尺千米”“半煤岩月进尺百米”的优异成绩，曾获得矿劳模、局劳模、市劳模、省劳模、煤炭工业劳模、全国劳模等光荣称号，先后31次受到表彰嘉奖，8次受到毛泽东主席的接见，15次受到周恩来总理的接见，十一届三中全会上还与邓小平握过手。他不仅是徐州市广为人知的“矿山铁人”，更是永不过时的模范代表。徐矿集团徐州庞庄矿运搬一区高级工人技师殷春银被人们赞为“矿山爱迪生”“矿山发明家”，从20世纪70年代扎根矿山直至今天，不善言辞的他几十年如一日用知识武装自己、潜心钻研技术，成功革新50多项技术，其中多项获得省、市、公司级科研成果奖，还有4项取得国家实用专利，为矿区和国家创造出百万元效益。过硬的技能和本领是殷春银安身立命的根本，也是他回报党和国家最直接有效的方式……一代又一代，红色血脉就在这些爱岗敬业、敢闯敢拼的党员身上跃动着，在他们的影响和带动下，徐矿的党员模范群英谱也将继续铺展、壮大！

大国工匠篇：
艰苦奋斗，勇于担当

“每天清晨，太阳还没有露脸，他们已走进地层深处，奋斗在掘进挡头，开拓在工作面上。当他们带着一身煤尘走出矿井的时候，太阳已经落下了山。他们没有享受阳光的温暖，却用自己的双手捧出了另一种太阳……”①

——著名煤炭作家　谭谈

① 史修永：《乌金问道——煤炭作家访谈录》，煤炭工业出版社 2017 年版，第 1 页。

夏伯党:开创工人著书先河的全国劳动模范

每一次下井,每一处故障,他都原原本本记录在案;每一台机器,每一个零件,他都“望闻问切”手到“病”除。从徐州夹河矿到山西芍药花矿,从煤矿工人到技能大师,他随身携带的是几个笔记本,更是他善于观察、勤于积累、认真学习的心。

他是夏伯党——全国劳动模范,全国“五一”劳动奖章获得者,全国技术能手,江苏省劳动模范,江苏省“五一”劳动奖章获得者,徐矿集团首席技能大师,编写的《夏伯党煤矿机电设备故障排除法》归纳了快速处理煤矿井下机电设备故障的绝活绝技,由中国矿业大学出版社出版,在全国开创了煤矿工人出版专著的先河。可他著书并不为立说,为的是让更多的人了解、掌握先进的技术。他不藏私,不仅因为无私,更因为他认同“分享才能共同进步”的理念。

在观察中学习,从学习中成长

“你是继续上学还是干煤矿?”1983年,即将从煤矿退休的父亲问刚刚初中毕业的夏伯党。如果这两种选择放在今天,或许绝大多数人会毫不犹豫地给出

夏伯党

答案。而夏伯党给出的答案正好相反。作为煤矿工人的孩子，他对矿上那些坚固且强大的机器充满了赞叹与好奇；而当时工人阶级值得自豪的社会地位也让他心生向往。于是，刚刚毕业的夏伯党来到夹河煤矿，成为一名采煤工人。

身临其境毕竟与走马观花不同，漆黑的矿井，轰鸣的机器，与煤矿事故时有发生的消息都让刚刚参加工作的青年夏伯党有些恐惧。这时，父亲的无私与坚毅给了他很大的鼓舞。夏伯党的父亲是个老革命，参加过淮海战役与抗美援朝。枪林弹雨中的革命经历铸就了父亲胆大心细的品质："没大事，你看我干了一辈子，也没什么大问题，只要你遵章作业不要违章就没事。"父亲的话给夏伯党吃了定心丸，同时也对夏伯党在日后近 40 年的工作中严守纪律、杜绝违章产生了深远的影响。

工作不久，夏伯党就凭借着不怕苦、不怕累的积极工作态度在工人中脱颖而出，不仅获得了"突击手"的称号，还担任了夹河煤矿的团支部书记。若是安于现状，夏伯党原可以在煤矿工人的岗位上继续努力发展，凭借他吃苦在前、享乐在后的精神，事业也一定会蒸蒸日上。但是他却选择了"从头开始"——

当时，夏伯党负责的工作内容是"下料"，即将工程所需的材料和设备用车人力运往工作面。然而，由于山路崎岖，运料途中车辆损坏的事情时有发生。若是设备较小较轻，还可以由工人人工运送，但是重达千斤以上的设备无法单纯依靠人力运送，只好原地等待维修人员帮助修理。等待两三小时、维修十几分钟的事常有发生;当然也会出现工作人员到了也没有修好的情况,那半天更是白白扔在里面了。夏伯党心疼这些浪费的时间,他想:既然缺乏技术人员,不如自己学着干。抱着这样的想法,他向党支书提出了申请。他的申请很快得到了回应:矿上也希望培养维修工人,立即给他安排了师父。于是,夏伯党从原来的工作岗位上离开,开启了从零起步学习维修技术的新篇章。

在跟着师父学习技术的过程中,夏伯党又遇到了新的难题。而正是这道难题,给他带来了新的灵感:一次,夏伯党和师父遇到了一个没见过的机电科设备,两人都束手无策,只好等待机电科来人维修。夏伯党没有按时下班,一直等待机电科人员修理成功。他发现原理很简单:如果盖子不卡到位,差一点能盖上就可以合上;但如果盖到位了,由于盖子正好拖着过流杆,就会反而合不上了。

这种原本算不上故障的小问题却困住了他们大半天的时间,再加上那时有些人思想相对保守,攥着技能不愿意传授。夏伯党灵机一动,自己可不可以写一本设备维修的"参考书"呢?把自己会的技能都记录下来,这样其他人遇到问题的时候,如果简单易操作,就可以按照他记录的方法进行调整修理,可以为工友节省很多时间,也减少很多麻烦。

"今天9月几号什么设备出现什么问题,现场我是怎么分析的,没处理好的原因是什么,后来谁又来处理了……什么事我都记上。有时候一个事故都记两三页。"一件一件地积累,一笔一画地记录。从1984年参加工作,直到2016年夹河煤矿关闭,夏伯党总结出了六本笔记本的"宝典"。后来,矿领导考虑到很多人员都需要了解学习相关维修技术,就安排了机电科科长组织人员,与夏伯党一同在他的"宝典"基础上,编著成了《夏伯党煤矿机电设备故障排除法》。书中参考中医问诊归纳的"望、闻、问、切"四法,是基层员工判定、维修机器故障的重要依据。

"望"即观察一个设备的运行状况、现场状况,它所关联的设备负载的情况,周围温度湿度,顶板支护等等。通过观察这些基本内容与环境,可以帮助维修人员判断设备故障的产生原因。

"闻"是一种判断、处理事故的手段,有两层意思:一种是"听",听设备是否有声音;一种是"嗅",通过嗅觉判断设备是否有异味。如果闻到有焦糊味或者是麻辣酱味道,基本上就是变压器线圈扰阻过热或者烧坏,可以重点检查线圈。通过听觉和嗅觉,可以对判断故障部位与故障缘由有很大帮助。

"问"指询问现场的工作人员。这一被很多人忽视或轻视的方法其实十分重要。有时不问就修,反而容易让小事酿成大错。而通过询问当班司机等人员故障发生时的情况,则可以很好地还原故障发生的情境。

“切”指的是用专家的手段来诊断,通过设备和工具查找故障点。如同给人看病,找到病根才能治好症状,机器也是一样,一个复杂的设备实际上只有五个关键点:主回路、保护回路、先导回路、连锁自动回路,以及先导控制自保回路。通过对这五个点的逐步测量,就可以判断故障部位,有的放矢地进行维修。

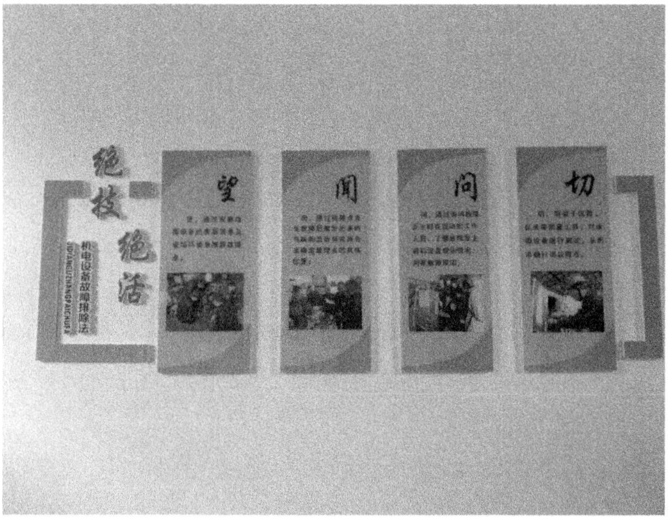

夏伯党工作室的“机电设备故障排除法”展板

夏伯党用他善于发现、善于思考的敏锐头脑,将工作中的经历加以提炼、总结、整合,成为他作为一名技术大师的有力法宝。

授人以渔,共攀高峰

拥有这样先进的思维,注定了夏伯党是一个不保守的人。“这个技术虽然现在有这么大的价值,但过三五年以后它就过时了,没用了。”这是夏伯党常常和学员们说的话。他时常教育学员和徒弟,要多做分享交流。技术握在自己手里只会被迅速淘汰,只有在分享交流中提升创新,技术才有更长远的价值。夏伯党不仅有自己的徒弟和学员,还有一个近 100 人的“首席技能大师工作室”团队。他特别注重工作室成员之间的技术交流:电力、化工、煤炭……各领域的精英共同讨论,常常碰撞出火花。夏伯党主持的工匠讲堂也有着独特的模式,不仅有一个半小时含金量充实的讲座,还有半小时结合自身工作内容的交流与答疑。参与的听众们十分喜欢这个环节,纷纷提出自己的疑惑和观点。除此之外,他还先后创立了“夏伯党团队学习室”“团队学习室网络论坛”,多方面、多途径进行交流学习。“人如果老不去上课,不去学习,不去跟大家共同劳动,你可能慢慢就会淡漠。我们还要接地气,要经常到产业一线去。”2022 年,夏伯党已经联系好了进行交流的电厂,可惜因为疫情无法进行。谈到这件事,他又是一阵遗憾。不过谈起自己的设想,他就立即焕发出了光彩:“我们想搞一个比较大型的交流,咱们徐矿现在不是叫煤电化一体嘛,电厂需要的人才很多,比如正在建设的乌拉盖等项目,有很多工作室生源。所以说,电力方面我们根据集团工作的要求,把技术创新、工作室创建,还有工作室成员的业务技术学习交流,一直不间断地发扬下去。”

设立于徐矿大学的徐矿直播中心

乐于探索的人,脚步永远不会停止。2007 年,中国矿业大学的何满潮教授来到高温情况最严重的夹河煤矿,与夏伯党团队共同研发降温系统。夏伯党团队帮助何满潮教授的团队克服了水箱体积大、杂质多、开停水不及时、耗费人力过多等困难:需要首先使用各个水仓先进行沉淀清理,沉淀水口向上引,把杂质沉淀到底部;再通过连通器,使司机可以同步通过水位管观测水位,控制开泵的数量和时机。

在后来的研发过程中，又出现了压缩机过热的情况：将作为地面设备的压缩机移至井下，无法解决散热的问题。夏伯党团队依靠实践经验，通过巧用隔板，解决了压缩机的隔热问题，避免了螺杆压缩机多次停机的弊端，使压缩机组能够像地面空调一样运行，同时产生比空调更大的功率。在矿井高风力、大风量的情况下，能够帮助矿井降温 10 ℃。在夏伯党与何满潮教授团队的共同努力下，国家“973”重大科研项目“HEMS 降温系统研发及矿井深部热害控制对策”取得了成功。

项目验收时，中国科学院两位年近古稀的教授亲自来到夹河煤矿，下到地下 1 200 米的矿井下实地观测降温情况，考察中国在这方面的研究成果究竟可以达到怎样的水平。亲眼所见的数值令他们震惊：通过蒸发器的提取与温度计的测算，冷热温度的确相差 10 ℃。这一成果被专家认定为“国际先进水平”。

夏伯党工作室的现代采煤技术培训基地

学习的脚步永不停止。2010 年至 2013 年，夏伯党于中国矿业大学专科就读毕业；2020 年至 2022 年，又在中国矿业大学取得了本科学历。“咱们年龄虽然 50 多了，要想跟上时代，还得不断学习。”夏伯党的话语中充满朝气。这种朝气与年龄无关,只因为有一颗探索、进取的心。

从“芍药花”到“卢家窑”

“你们先上,我最后上。”这是 2016 年 4 月,夏伯党对工友们说的一句话。这并不是他逃避劳动。正相反,是他对劳动了 30 多年的矿井最后的留恋与不舍。由于夹河煤矿效益问题,单位决定于 2016 年关闭矿井。夏伯党带人下井拆除了最后一罐,却在井下难掩心中的酸楚:“就感觉好像砸掉了自己的饭碗一样。”

千般不舍,也要继续前行。2016 年,年近 50 岁的夏伯党告别了熟悉的地方,来到了山西芍药花煤矿。不久又从芍药花煤矿调到了同样位于山西的卢家窑煤矿。从夹河煤矿时期的机电科副科长到此时的主管区长,夏伯党以为人手会充足一些,可意想不到的是可以工作的只有 150 余人。这让原来为 1 000 余人安排生产的夏伯党很是头疼:“不知道怎么把人安排开,以便开展工作。”一向勇于攻关的夏伯党竟然在这期间“愁得头发有点白了”。

然而,夏伯党依然不忘为矿上处理机器问题。当地人缺乏修理开关的技术,机器开关坏了就直接换新的。夏伯党沿线检查,逐一修理,最终修理好了几十台设备。当地工人连连赞叹:“徐州怪厉害的!”卢家窑煤矿也存在很多问题,包括机电供电的、封井的,还有高压供电的,夏伯党上任后便进行立项,一项一项处理。正当夏伯党已经着手成立工作室的时候,集团公司找到了他:“你是有先进技术的优秀人才。你在卢家窑做得很棒。但你不能只给一个煤矿服务,应该服务全局。”夏伯党的回答只有一句:“服从组织安排。”于是,夏伯党又开始了师徒结对的工作:“传帮带”、带徒弟、“大师送绝活,专家解难题”……从 2017 年到现在,基本上没断过。2022 年,夏伯党团队又到了两个单位答疑解惑。“大家只要有要求,只要基层有需求,有困难了有难题了,我们要主动靠前。”这是夏伯党作为一名共产党员的觉悟与精神。

夏伯党的“公心”不仅体现在了“为公”上,也体现在了“公正”上。2020 年,夏伯党担任了“全国煤炭行业职业技能竞赛”的裁判长,2021 年又担任了专家组组长。在裁判这个岗位上,夏伯党做到了自大赛举办以来的第一个零投诉。作为产改观察员,他不与领导搞应酬,只和基层打交道,工人、厨师,只要涉及的员工,他都一一聊天,了解情况:“技师待遇给了吗?”“给了多少?”个别公司海拔较高,总是有工人生病不适,工人向他提出可否帮忙反映,争取补贴。夏伯党和观察员们经过多方协调，最终帮助工人争取到了津贴。

2008 年至 2012 年期间，夏伯党担任了全国人大代表。“作为人大代表，社会关注的问题，我们要主动解决。”当他接到各地反馈，需要他去查看沟通，他二话不说，直接驱车赶往当地。2015 年的全国劳模表彰，成为夏伯党人生中的“高光时刻”之一。表彰的当天，夏伯党在手机上看到了习近平总书记外出视察的新闻。当时有人在想总书记可能忙于国事，无法赶回。可令他们激动的是，9 点整，习近平总书记和全国政协常委全部准时到场。那是习近平总书记第一次接见全国劳模，让夏伯党真切地感受到了中央对劳模、对劳动者的重视。

“习近平总书记对工会组织讲了很长时间。”夏伯党回忆道。习近平总书记着重关心了团体组织如何给老百姓解决急难事件，具体的讲解让夏伯党十分感动。而能够亲眼见到习近平总书记，听到他振奋人心的慰问与鼓励，更是让作为劳模的夏伯党热血澎湃。不论是作为专家还是产改观察员，他都认为首先应该对得起自己的职位，兢兢业业做好本职工作，勤勤恳恳帮助基层员工排忧解难，这样才对得起自己共产党员的身份，对得起自己劳模的称号。“不论走到哪里，我始终记得我是解放军的儿子，是国家的工人。”夏伯党这样说。

吴建群:
传承工匠精神的煤机“大夫”

“吴老师,综采二区机器出故障了!”

“哪里故障?”

“不清楚,不转了。”

“我马上过去。”

这段对话发生在凌晨一点。2017年7月3日凌晨,徐州张双楼煤矿综采二区一台煤机突发故障,现场人员无法查明原因,只得向一区有名的矿井检修“多面手”吴建群技师致电求助。夜间正是储煤时期,煤机停转会造成巨大损失。吴建群了解问题的严重性,连夜赶往现场。

将现场工作人员的汇报与自己的检视结果结合,依靠自己三十余年的理论积累与技术经验,吴建群判断出煤机变频器出现了故障。检查,确定具体故障模块,更换部件,调整参数……从三更深夜到东方既白,近三个小时的抢修恢复了煤机的正常运转,也确保了矿井工作的正常进行。

这次“急诊”是吴建群技师三十余年工作中普通而具有代表性的一次。吴建群是徐矿集团张双楼煤矿综采一区的一名机电工程师。自1987年参加工作以来,他以精湛的“医术”成功地延长了数以百计煤矿电器设备及煤机的“生命”,大大节约了生产成本,也获得了“全国煤炭工业劳动模范”“江苏省企业首席技师”

“煤炭行业技能大师”“徐州市2018年度创新创业先进典型”“江苏工匠”等众多荣誉。

在这些荣誉中，吴建群最引以为傲的就是“工匠”两个字。“研究维修技术就是我的爱好。每次修好一台机器，我都特别有成就感。”吴建群这样说。自1990年从事煤矿电气设备检修工作时起，他便一头“钻”进维修技术里。有不懂的地方就虚心向前辈请教，遇到疑难就到书中寻找答案。《电气设备维护与修理》《电工实用手册》《电子元件大全》《变频器使用和维修》……专业相关的书籍被他读了个遍。煤机、溜子、乳化液泵站、成套液压支架……经过日积月累的钻研，一台台煤矿电气设备逐渐由“病号”变成了他熟识的朋友，他了解这些朋友身体的不同结构，能够准确识别它们体内的每个器官。扳手螺丝刀就是他的“手术刀”，橙色的工作服在他身上成了医用“大褂”，头戴的探照灯成了“无影灯”，而他就如同一位神医，在车间与矿井之中“救死扶伤”。

然而，这些特殊“患者”与人类不同：它们不会讲述自己的病史与病痛。这就需要“医生”的“医术”更加高超，检验更加细心，记录“病历”更加详尽。“好记性不如烂笔头。”吴建群在每次检修时，都把设备的名称、型号，故障部位、原因，元件服务时间，操作程序及相关原理分析等内容详细地记录下来，成为每台机器档案式的“病历”。这份十万字的故障处理记录既能帮助他更好地对机器进行检修，同时也对同事们的工作提供了很大的参考与帮助。

吴建群在井下检修

在帮助同事精进业务,提携后辈发展进步上,吴建群从不吝啬。2013 年 2 月,为更好地帮助同行业技师提升技术水平,徐州张双楼矿成立了“吴建群劳模创新工作室”。工作室共有成员 13 人:硕士 1 人、本科 9 人、专科 3 人,其中工程师 6 人、助理工程师 2 人、技术员 3 人、高级技师 2 人。成员们来自掘进、综采、机电、运输等生产一线。工作室的成立使这些技术骨干们形成合力,能够更加系统、方便地进行技术整合、革新与攻关。

作为工作室的带头人,吴建群十分主动地参与到工作室开展的“劳模创新大讲堂”中。工作室根据成员特长与知识结构,系统、详细地制定了“大讲堂”的课程计划,成员们轮流向其他成员讲解自己擅长的知识技能,互通有无,共同提升。他既开心于可以通过讲堂的学习拓宽技能领域,丰富专业知识,也十分愿意把自己三十余年的宝贵经验倾囊相授。“现在的教学技术太先进了,”提起在创新讲堂中的工作与收获,吴建群激动地说,“过去有什么不会、不懂的,只能看书。有的话理解不透,有的图看不清楚,只能干着急。现在好了,有动画、视频,一看就明白了。我们还有一个微信群,谁有问题在群里一说,大家都愿意帮着解答。”

在“大讲堂”每月一次的专业技术讲座中,吴建群向同事们讲解了“MG300/700-QWD 煤机电气部分故障分析与处理”。大家受益匪浅,对吴建群精湛的技术水平和丰富的知识储备由衷地佩服。

除了覆盖面广的“讲堂”,技艺的传授更需要点对点、手把手地教学。2018 年,吴建群与自己选定的五名徒弟签订了师徒结对的合同书。“师徒”——这一中国传统手工业中的传授模式在技术工种的传授上有着很大的优势。一声“师父”,意味着师徒之间不仅是工作中的传授与学习关系,更多了一种融合了情感与责任的敬畏与守护。吴建群对徒弟们悉心传授知识与手艺。从理论知识,到操作流程,再到操作手法,他都掰开揉碎,亲自讲解、示范、纠正、考察。在他看来,这样的“传授”更像是一种“传承”:“过去老师傅们把技能教给我,现在我再教给他们,我们掌握的技术就能被更多的人了解、知道,他们在我们的基础上,也能让机电维修技术更加完善成熟。”

学习技能的根本目的是技术攻关与革新。在这一点上,吴建群一点也不保守。作为一名维修技师,他不仅擅于修理,更注重在日常工作中发现隐患,防患于未然。他总是说起:“不管是人还是机器,在出事后‘抢救’总归是不好。只有在出事前发现危险,杜绝危险,我们的工作才真正做到位了。”一次工作中,吴建群发现煤机头尾与煤井上下出口的距离可能导致工作人员进出时被恰好工作至机头、机位的煤机滚筒带起的煤矸石砸伤。他便和工作室的成员共同探讨,研发了煤机上下出口语音提示装置。该装置能及时预警，从而最大程度保证进出井工作人员的安全。此项创新成果获得了张双楼煤矿科技创新一等奖。

这样的创新对吴建群来说并不罕见。2018年以来，他完成了三十多项创新项目，在降低矿井安全风险、减轻职工劳动强度、有效解决影响和制约矿井安全生产的疑难技术问题等方面发挥了作用。他取得了7项国家实用新型专利证书，正在申请的有3项。不仅如此，他还带领工作室成员共同为升级技术、提升生产效率而努力。在张双楼矿的支持下，吴建群工作室每年召开一次创新目标计划会，力争制定出对生产最有实效且最前沿的创新目标，同时执行具体翔实的阶段目标与计划，将责任与任务具体落实到人。这种脚踏实地的工作研究方式取得了切实的成果：2017年以来，工作室发表论文9篇，完成科技创新项目159项，取得12项国家实用新型专利证书，实现经济效益1 100多万元。2018年10月，吴建群劳模创新工作室被中国煤炭工业协会命名为“煤炭行业技能大师工作室”，是江苏省煤炭行业唯一获此项荣誉的工作室。

吴建群工作室

为了将自己的创新成果更迅速地分享给他人，吴建群每年都会把自己的创新项目详尽地记录下来，编辑成册分享给全矿七百余名维修工作人员。在整理和分享“秘籍”的过程中，吴建群发现著书是理清思路、传播技能的良好方式：既可以使自己多年的经验系统化、理论化，让自己的思路更加明晰，也可以通过文本的形式更广泛地传播经验。因此,他在自己经验与记录的基础上,与工作室成员共同努力,编写了《机电设备诊断故障与维修》,由中国矿业大学出版社正式出版发行。

著作付梓给吴建群带来更多的不是个人著书立说的喜悦,而是分享奉献与回报单位的幸福。他常常强调责任的重要:“在单位里,我们不能把工作看作一种谋生的手段,而应看成一份责任,我们每一位员工都要有担当意识,该尽的责任一定要尽到,自己能完成的工作一定要努力去完成,只有这样,我们的工作才会有成绩,人生才会有出彩的机会。”

在书籍编写的过程中,吴建群更加深刻地体会到了理论与实践结合的重要性。“我们实践机会比较多,矿大师生理论基础非常扎实。我们如果多加沟通配合,一定有 1+1>2 的效果。”对于未来的合作,吴建群充满期待。他期待理论与实践碰撞出创新的火花,更期待这些火花变成智能化矿山建设的绚烂烟花,为徐州煤矿开采 140 周年献礼。

刘　磊：坚守安全底线的“90后”巾帼英雄

她，履历丰富：哈尔滨理工大学本科毕业，中国矿业大学研究生在读，一年运行岗学习磨炼，三年锅炉工勇担重任，转任监察员无私铁面，力保生产安全。

她，屡获殊荣：全国“五一劳动奖章”、江苏省“五一劳动奖章”、江苏省“十佳文明职工”、江苏省部属企业“五一巾帼标兵”、徐州市“最美产业工人”、徐矿集团劳动模范……

她，年轻有为：90年出生的她，工作中踏实肯干、忠于职守，目光如炬治隐患；家庭中传承家风、育子有方，言传身教获赞扬。

她将“拦路石”逐块搬起，变成向上攀登的垫脚石。了解她的人都会被她接累活、干重活、战难活的事迹所感动。但她却说“矿上优秀的大学生有很多”，“我能有这些称号还是因为徐矿领导愿意给我们这些产业工人机会”。

不仅“也可以”，而且“能更好”

“全厂唯一的女锅炉人员”“全厂唯一的女安监员”“全厂唯一持证的女工程师”“全厂唯一值夜班的女生”“巾帼不让须眉”等是她身上的标签。的确，不论是在学校还是在单位,她都是电气专业中性别的“少数派”:在大学里,同专业一百多人中只有4名女生;2014年毕业到华美热电工作,同批招录的14名新员工中也只有4名女生;分配到锅炉部门后,同岗位员工之中依旧只有她一名女生;换岗之后,她又成了唯一的女安监员。

然而,性别从来不是禁锢她的枷锁。2015年年末,领导找到仅工作了一年的刘磊谈话。问她是否愿意从电气工程专业转到锅炉专业。其实,在这场谈话中领导也很为难:在和刘磊沟通之前,领导已经询问过很多其他员工的意见,但大家都没有同意。原因不仅是从电气转到锅炉需要跨专业重新学习,更重要的是脏活累活都在锅炉岗位:相比较电气室内空调、四季恒温的工作环境,锅炉岗位需要控制机器投放煤炭,又要爬进80多米高的锅炉内从上到下进行巡检。在这场硬着头皮的谈话前,领导已经做好了再碰一个钉子的准备:“那么多男的都不愿意,一个女生甭说愿不愿意了,她敢不敢上都是问题。”

让领导没有想到的是,刘磊甚至没有要求给她一段考虑的时间,直接同意了换岗的安排。没有慷慨激昂的豪言壮语,也没有阐明困难和推辞拒绝,就像领导交代下来的任务只是去隔壁拿个文件。

回答时“若轻”的“后果”是工作时的“举重”。深夜十一二点最黑的时候,凌晨三四点最困的时候去炉子上巡检都是常有的事。一个人通过不到半米的入口,整个身子钻进巨大黑暗的锅炉;一个人走在七八十米高的镂空站廊上,绝大部分时间周围没有同事同行,耳边只有呼呼的风声,低头就能看到脚下与地面令人恐怖的距离。曾经有一次,刘磊和一位女同事一起走上站廊执行任务。才走到三层,同事就吓出了眼泪,领导只好让这位同事下去。回忆起这件事,刘磊说其实自己有时也会很害怕,不过她觉得坚持一下就能挺住了。带她的师傅也安慰她:“没事,这么沉的设备都禁得住,百十来斤的人没问题。”渐渐地,风雨无阻的巡检锻炼了她的胆量。她还幽默地说:“现在我走玻璃栈道那种网红景点肯定没问题。不过我觉得和玻璃比起来,还是我们这种铁素体钢的安全性能更高。”

除了心理上的恐惧,更难克服的是体力上的困难。虽说性格坚毅,但刘磊毕竟是个只有110斤的女性,遇到需要力气的工作,有时也会“力”不从心。锅炉的阀门需要工人徒手拧开,这对瘦弱的刘磊来说实在是不容易。“有一次那边起炉,我这边在开阀门。不知道为什么,我怎么也掰不动了。那天下着大雪,对讲机离集控室又太远,所以信号非常差。我只听到对讲机里一直在喊怎么还没开,可是对面听不到我说话,也没有人能代替我的工作。我听着他们一遍一遍催我,知道所有的同事都在等着我开阀送油上去点火,但是我就是打不开。越着急越打不开。那个时候真的是急出泪来。”

难活不易，脏活更是让人头疼。有时候去现场看调试喷枪，男同志都不愿意去，刘磊戴上安全帽就过去学习了。她仔细观察柴油雾化的情况，常常搞得一身柴油味。长时间的繁重体力劳动让刘磊的领导开始担心。他从提醒到劝告，最后终于变成了训斥。可领导的关心并没有成为刘磊懈怠的借口。正相反，从那次真正的训斥警告开始，刘磊有些惧怕那位“严厉”的领导：“说完我那一次以后我见他就躲，现在看到他我就有‘阴影’。我就感觉在他面前我不能干活，我就是想坐着。”如果那位领导知道自己的关心换来了这么大的恐惧，会不会哭笑不得？

这些辛苦而扎实的实践学习经验，成为刘磊日后工作中宝贵的经验和财富。在锅炉岗位工作了三年后，华美热电新设立了安健环室，要从一线选拔懂技术、能力强的年轻人从事安全监察工作。刘磊凭借丰富的工作经验与过硬的技能本领通过了考核，转入安监部门工作。安监的工作性质与之前的班组工作不同：之前的工作虽然劳累，但是只负责有限的一两台设备，只要维护好它们就不算工作失误。而安监工作则是要负责整个厂区的安全，重大的责任自然也就伴随着巨大的压力。为了丰富自己的知识储备，确保工作质量，刘磊在孩子刚上幼儿园，最需要妈妈陪伴的时候，利用休息时间起早贪黑自学，仅用了不到半年的时间就考取了全国注册安全工程师。刻苦的实战学习与理论学习，让她实现了生产安全零事故，筑牢了“天字号”安全工程。检查的过程中有时会隐藏着风险。栏杆不稳，架板不牢，这些隐患都是刘磊通过实地检验所发现的。这份工作，其实是在用自己的“危险”，换来更多工友的安全。

安监工作的更大难点是与人打交道。“和机器(打交道)还很简单，你修它就好了，和人就不行了，反正你不能没事就修他。”幽默的背后是尴尬与无奈。这是一份挑错的工作，平衡生产安全与人际关系是个大问题。而刘磊给出的答案是“不妥协”。涉及安全的问题，她寸步不让，严查隐患，扫除违章。有的老员工要面子，不认错，不服管；有的新员工不了解，有戒备，疏远她；甚至连一些平时关系还不错的同事都对她颇有微词；更有甚者，还会有蛮横的工作对象对她进行威胁。但刘磊却说：“宁愿他讨厌我，恨我，甚至在背后骂我，但是因为我制止了他，没有发生这次事故，那我觉得我足够了。(他)若干年后想一想，还是会感谢我，觉得这小孩还不错。”的确，她受了一些委屈，但保障的是整个厂区的安全。“如果都是你好我好大家好，安全出了问题就不好了。当前安全形势比较严峻，我们需要这样铁面无私、认真负责的员工来抓安全。一个女同志抓安全不容易。但是刘磊做得非常优秀，为我们公司安全的高质量发展做出了积极的贡献。”华美

工作中的刘磊

热电的党委副书记贾兴沛对刘磊的工作给予了肯定和赞扬。

虽然在监管中一丝不苟,但是刘磊的性格还是比较活泼,可以算得上是“一台有感情的工作机器”。华美热电安环部部长侯先华作为刘磊的直属领导,曾经这样评价她:“她的性格相对活泼,比较泼辣,是善于打硬仗的。有时候比男性会更有优势一些。男性监管就是硬碰硬,容易让员工情绪激动。”可见刘磊开朗率真的性格优势对工作的开展起到了很大的帮助作用。

在每一项工作中,刘磊都可以让大家对身为女性的她“另眼相看”。她用自己的无私与坚毅向大家证明了,那些很多人以为女性不能承担的工作,她不但能够胜任,而且可以做得更好。

“我觉得男生能做的,我也能做。”很多记者采访刘磊提及工作的艰苦,刘磊总会这样回答。但是这句话之前,她往往会说:“我没把自己当女生看。”的确,坚定的人往往善于打破大众刻板印象中设置的壁垒。这个壁垒也许是性别,也许是年龄,也许是出身。当人过分在意这些客观因素设下的限制,其实往往是潜意识里的怯懦与懒惰将自己禁锢在了“舒适区”之内。而刘磊无视这堵思维中的墙,这面“墙”便不再能够限制她走得更远的脚步。性别,这个很多人心中的“拦路石”却是她的“试金石”,试出了她的顽强与智慧。

坚毅之风，血脉相承

刚刚从电气转到锅炉岗的那段时间，看着没有换岗的同事做着舒适安稳的工作，刘磊也有过后悔和动摇。她把这些心事倾诉给了自己的父母："当时我怎么就同意了呢？"在刘磊的想象中，父亲会心疼地说："闺女，这么累，咱们不干了。"而父亲总是鼓励和劝慰她："这多好！你在这儿干了以后，又会电气，又会锅炉，将来你不就成了不可或缺的人才了吗？"母亲也只是叮嘱她："一定要注意安全，危险的地方做好防护。"

父母的态度在刘磊迷茫的关键时刻起到了重要的作用。"如果当时父母说'宝贝，你怎么又跑那个专业去了'，我的心里一定是有一种变化的。"刘磊这样说。在她摇摆的时刻，父母没有无措与不安，而是用经验与见地支持了她，用坚定的语气鼓励了她。这使她打消了对自己决定的疑虑，坚强地挺过了最困难的过渡时期。

家庭给刘磊的影响绝不仅是关键时刻的定心护航，更在于日常生活中耳濡目染的熏陶。刘磊出生在工人世家，爷爷是一名普通的电厂工人。那时没有如今这么先进的设备，爷爷靠着双手和简单的工具，在平凡的岗位上勤勤恳恳地奉献了一生；刘磊的父亲也是一名技能高超、甘于奉献的电工。在家庭的影响下，刘磊从小就对机械与线路产生了兴趣：她觉得爸爸会换灯泡、修电路，真的特别了不起。随着年龄增长，刘磊开始渐渐懂得爸爸工作的辛苦，更切实地体会到了爸爸责任感强、不求回报的品质。每次单位有困难或需要，爸爸总是主动加班加点工作。一直到现在，刘磊父亲已经年近六十了，周末厂子里有解决不了的问题向他致电求助，他依然二话不说，或骑车、或坐公交立即赶到单位帮忙处理。

"我有的时候有些自私，对我爸说你年纪大了应该注意身体，可以让领导派年轻些的人去处理。可是我爸说：'一定是真的需要我了。如果其他人能处理，领导会周末给我打电话吗？'"每次谈起爸爸，刘磊都会感慨青年一代应该多向老一辈学习无私奉献、吃苦耐劳的精神。

虽然嘴上总是"自私"地心疼爸爸，但是耳濡目染着父亲的无私，刘磊的血液里也流淌着奉献的"基因"。除了爽快地接受了他人不愿承担的锅炉工作外，她还在单位需要的时候多次主动冲向一线，确保了生产工作的顺利进行：2018 年 11 月，公司发电、供暖高峰期，刘磊主动申请深夜值班；疫情期间，公司保障地方能源安全的任务繁重,刘磊又主动申请在单位隔离值班两个多月,只能从视频通话里看看只有两岁的儿子。

或许,刘磊的一家三代正是“工匠精神”的最好诠释:他们既有中国手工业者孜孜不倦、精益求精、耐得住寂寞的“匠心”,同时也具有现代工人吃苦耐劳、无私奉献的“公心”。他们将中国“手艺人”的朴实、勤恳与善良在家庭之中代代相传,形成了坚毅质朴的家风。

这种家风也影响着刘磊对儿子的教育。在“胎教”过程中,刘磊的儿子就感受到了母亲对他“小事不下火线”的教育:刘磊孕期一直坚持去一线工作,直到离预产期还有三天时,在领导的强烈要求下,刘磊才答应回家休息。可她心里很不情愿:浪费三天工作时间呢!结果,儿子感受到了母亲的心思,在回家休息的当天晚上就“加班加点”地出生了。

在教育儿子方面,刘磊有着明确的想法与目标:“我希望他成为一个正直快乐的人。”她认为,母亲不应缺席孩子的成长,但也不应寸步不离地陪伴。在她不多的陪伴孩子的时间里,她没有尽情缓解自己的疲劳,悠闲地指挥、要求孩子完成任务,也没有“抓紧”好不容易见面的时间过分溺爱,而是陪伴孩子养成勤奋坚毅的品质。刘磊学习、备考期间,有时孩子会喊着让妈妈陪伴。刘磊就会说:“别吵,妈妈在学习。”这样的事发生过几次后,儿子也会拿起书本,像模像样地坐在桌边看书。这让刘磊更加深刻地认识到以身作则的重要性。每次刘磊带着孩子去球馆练习乒乓球,她都会站在一旁陪伴孩子,帮孩子捡球,从来不会坐在椅子上玩手机。球馆没有空调,孩子每次都热得大汗淋漓。但是他看见妈妈也陪着他一起努力,他就能够一直坚持下去。目前,张磊的儿子已经学习了两年的乒乓球,并已凭借自己乒乓球上优异的成绩被少华街小学破格录取。现在,刘磊又培养了孩子新的爱好——游泳。午休时间她没有小憩,而是争分夺秒地送孩子去奥体中心训练。

然而,由于工作的忙碌,刘磊能够陪伴孩子的时间依然并不是很多。多数时间,孩子由爸爸、奶奶轮流照顾,也有在姥姥、姑姑家“打游击”的时候。刘磊十分不理解孩子过分黏着家长的行为。“我的孩子‘扔’在哪个亲戚家也不哭闹,已经习惯了。”有时候孩子不让她去加班,她就会跟儿子“哭穷”:“妈妈每天赚1块钱。如果妈妈今天不上班,周五答应你那个5块钱的玩具就买不到了。你真的不让妈妈去了吗?”儿子想了一会儿,终于一脸艰难地说:“那你去吧!”

对刘磊的工作,家人也是十分支持。不仅老公在她的“哄骗”中承担了绝大部分家务,婆婆也十分赞赏、鼓励她。2021年春节前夕,徐矿集团领导到刘磊家里进行慰问。领导离开后，婆婆叮嘱刘磊："家里的事你放心，有我呢。领导亲自来看你不容易，你更要好好工作，咱们不能得到荣誉就'飘'了。"

有人会说，家庭和事业很难两全。这的确有一定的客观依据。然而，如果一个人对家庭、事业都能够用心呵护经营，那么家庭和事业也会回报以温馨和成就。刘磊就是最好的例子：在家族传承中，她在耳濡目染中养成了踏实勤恳的品质，又在言传身教中延续着吃苦耐劳的精神；在家庭生活里，她尽力做好丈夫的伴侣，儿子的榜样，父母的依靠，婆婆的骄傲。家庭在她心里，从来不是工作的"绊脚石"，而是生命中的"靠山石"，为她提供着源源不断的温暖与支持。

"学习一下，挺好玩的"

国家注册安全工程师、中国矿业大学电气工程自动化专业研究生——这两个含金量很高的职称和学历都是刘磊在紧张的工作中挤时间考取的。有人认为这样的考试不难，也有人认为刘磊头脑聪明，是"学霸"。而只有她知道，她一直在和学习这件事"相爱相杀"。

刚从电气岗位转到锅炉岗位时，单位里定期会举办基本知识的考试。刚刚调动过来的刘磊简直是"两眼一抹黑"。在大学里成绩数一数二的她一下子变成了次次倒数。这让刘磊的压力急剧增大："虽说不用非考第一，但是总不至于跌落前五吧？"于是好强的她开始跟自己较劲，加倍用功看书。

说到这儿，刘磊还有一点自己的"小心思"：她把自己的成绩差归咎于自己天资不好，又很怕别人"发现"自己的"愚笨"。于是，别人休息、打牌光明正大，利用休息时间刻苦学习的她还得"偷偷摸摸"：每天早上五点在宿舍门口的走廊开始看书。一个多小时后别人起床，她也装作刚刚起床的样子回到宿舍。晚上的休息时间别人休闲打牌或者出门散心，她也总想着出去找个僻静的地方再学一会儿。

有时她也觉得自己过于好强的性格应该纠正。可这样的性格也在她的学习过程中起到了很大的积极作用：考注册安全工程师的时候，她结束一天工作回家，马不停蹄地照顾孩子。把孩子哄睡后再学到凌晨一二点。不到半年的时间，4 门考试一次性全过。只需要 60 分及格就能通过的考试，有几门她考到了八九十分。她通过考试后，很多人看到刘磊工作家庭这么忙，都能这么快考过，想当然地认为这个考试不难，便都跃跃欲试地来向她"取经"，又对着她满满一柜子书和练习题望而却步。

取得了注册安全工程师的证书以后，刘磊又开始向研究生考试进发。那时，刚生完孩子的她140多斤，一边减肥一边备考。政治和专业课对她来说不算什么，只有英语让她头疼：她四级才勉强通过，考研英语的单词简直令她崩溃。她报了线上辅导班，午休时间还在刷题。她的辛苦没有白费，现在的她已经是中国矿业大学的研究生了。

工作中的刘磊

“考试的时候手机里连抖音都没有，现在终于有空发发抖音了。”刘磊笑着说，“我还想着有空学学剪辑。有时候我在想，为什么人家做菜流量那么多，几万个赞；我也爱做菜，怎么没人看呢？这得研究研究。学习一下，挺好玩的。”她的这段话令人恍然大悟：虽然她总是强调努力学习是因为“怕别人发现自己愚笨”，实际上她学习的动力来自于内心乐于思考、渴望探究的欲望。当她做工人时，她学习阀门的属性开合，机器的运转原理；当她做安监时，她观察、学习脾气随和的同事处理事情的方式；现在，负责更大范围的安全监管，她又开始学习省里、国家的制度修订，光伏项目的工作原理……

喜欢探索，才会进取。学习给刘磊带来的不止成绩本身，更是满足了她不断开阔眼界、充实自己的内在需求。这才是她孜孜不倦学习的根本原因。虽然这个过程伴随着一些痛苦，但是刘磊却能将这些坚硬的“金刚石”一一搬起，变成她工作、生活中更进一步的“垫脚石”。

性别、家庭、学习，它们可能造成的阻碍在刘磊的努力面前变成了“纸老虎”；而它们的优势却在刘磊身上得到了最大程度的发挥。无须过度弘扬她的奉献与“牺牲”，她凭借自己磊落的性格，已经在学习与开拓的过程中，拥有了精彩幸福的别样青春。

王联合:
奉献边疆,造炬成阳

见到天山矿业公司开拓工区区长王联合时,新疆傍晚的阳光依旧耀眼。刚刚结束一天工作的王联合并没有流露出太多疲惫,反而给人以质朴、沉稳的印象,看起来有几分不善言辞。

直到聊起中国矿业大学,王联合的眼神中展现出对矿大的亲切与想念,2017年,王联合曾接受矿大采矿专业的函授教育,积累多年的实践经验与专业知识有效结合,让他面对现实难题更加得心应手。

2021年王联合被授予江苏省劳动模范荣誉称号,扎根边疆、奉献边疆的十五年里,他是徐矿集团的"十佳"区长,带领区队创先争优;是严于律己的"全能"区长,冲在攻坚克难第一线;也是同事眼中的"贴心"区长,时时关怀后辈,事事无私奉献。

"全能"区长的奋斗史

1986年,王联合来到徐矿集团庞庄煤矿的开拓工区,跟着师傅开始了掘砌工的实践学习。80年代,中国煤炭行业的机械化程度还很低,安装炸药、实施爆破这些工作，王联合都做过。

“第一天进矿，我们距离爆破点有200多米，那时候刚进矿年纪又小，听到爆破声我就吓跑了，结果回头一看，只有我一个人跑了。当时是觉得很惊险的，现在回忆起来也很好笑。”谈起最初的工作体验，王联合讲起了这次趣事。那时，惊天动地的爆炸声、7655风动凿岩机的轰鸣声，是井下工人们常常听到的背景音。“怎么形容那种音量呢？通常工业企业的生产车间的噪声标准是85分贝，爆破时巷道相对是封闭的，人在井下听到的噪音比这震撼得多，所以那时很多矿工退休后听力会受影响。后来设备、技术不断更新，井下的工作环境也越来越好了。”淡然处之的讲述，是王联合身经百战后的云淡风轻。

青年时期的王联合，踏实肯干，勤奋好学，工作中遇到了疑难杂症，他总是积极向工友请教问询，或者在工作之余看书学习，提升自我。入职不到一年，王联合就在大家的推荐下当上了班长，并在放炮员、打眼工、钻孔机司机、电绞司机等岗位上认真钻研，开拓工区的种种业务，王联合都一一掌握，这也为他成为全能区长打下了坚实的根基。

2006年，王联合作为庞庄煤矿的技术骨干，被派往新疆库车，支援天山矿业公司开疆拓土。按照原计划，这本是次临时性的劳务输出，但是一行人的专业技术与敬业精神，正是新生的天山公司急需的，协商调动后，有了王联合至今十五年的坚守。

王联合在井下工作

开拓工区负责掘进施工,本就是矿井建设的先行者,所以王联合来到天山时,看到的依然是一片荒凉。“一壶酒、一支烟,抱着电话哭半天”,这句在天山流传最广的话,也是王联合和工友们的真实写照。回忆起在天山度过的第一个春节,王联合十分感慨:“我亲眼见到很多工人吃过饭喝过酒,思念家里亲人了,跑到角落里面去哭,有的在饭桌上就掉泪了。不容易,太不容易了。你想我们来的时候都是30多岁,家里有老人有小孩,牵挂太多,真是舍不得。”那时的天山还没有手机信号,公司为了预防突发事件,给矿区安装了卫星电话,工友们也靠这几部电话给家中报平安,为了让大家都有机会和亲人通话,每个人的通话时长只能限制在几分钟。

熬过苦楚,顶住万难,成长为开拓工区区长的王联合,承担起天山公司的多项建设重任。近几年,王联合负责岩巷施工大约3 000米,主要施工一煤绞车房、二水平一煤轨道下山、南主井、1460水仓、1460大巷、五煤上仓皮带巷、五煤绞车房等。

特别是在施工五煤绞车房时,为了运输大型设备,设计院设计的巷道高度达到9.6米、宽度达到10米,这种规格比正常的隧道都要大,大家都没有施工经验。且硐室断面大,巷道支护难度大幅度增加,锚杆支护需搭设脚手架施工,常规的临时支护已经无法应对这一难题。

大家一筹莫展之际,只能将希望寄托在王联合身上。王联合到天山公司的第二年,曾作为技术员全程参与了一煤绞车房的施工,结合着以往的工作经验,王联合绞尽脑汁,提出分层次建设的方案。比如9米高的巷道,先掘出4米高,然后再慢慢扩大,以此减少断面过高带来的安全风险和施工难度。落实到实际施工中,用台阶式施工方法先施工拱形部分,便于放炮后浮矸危岩找掉工作,再找专人监护顶板,施工超前锚杆护顶,最大限度地保证巷道支护质量与施工安全。“这项任务也是采取了爆破,机械的高度甚至达不到施工需要。”谈起开拓工区的工作,王联合表示每一项任务的情况都不同,面临的挑战也不一样,需要因地制宜地思考解决方案,“有时候机械施工还是存在限制的,需要在保证安全的前提下,靠人力来实现”。谈起施工经验,内敛的王联合滔滔不绝,还开玩笑道:“十几年工作下来,像砌墙、浇灌、浇筑、盖房子这些事我都会了。”

“十佳”区长的管理经

30 多年的煤矿生涯，从一名普通煤矿工人，到基层技术人员，再到如今的天山公司开拓工区区长，王联合以身作则、率先垂范，“平时工作想在前、跟班下井走在前、困难时候冲在前、隐患排除抢在前、关键时候盯在前”，以实际行动带领区队奋斗向前。

开拓工区区长的一天，不仅要主持工区日常管理工作、坚持召开每天三班班前会，在井下有重点单项工程时，王联合还要主动跟班现场盯控。其他工友每天只需做好自己那一班的工作，但是对于王联合来说，不存在倒班、值班，每次交接他都要到现场检查施工环境，杜绝任何安全隐患。

为了提升区队执行力和竞争力，王联合创新制度管理方式，制定了工程质量验收制度、班前会“3＋1”排查制度、班后碰头会制度、顶板分析会制度、安全联保制度、“三违”人员谈心制度、隐患排查及预控会议制度、事故案例学习讨论制度、请销假管理制度、机电设备检修制度、班组安全管理制度、安全生产知识培训制度、班组月度安全效绩考核制度、以师带徒制度、产业工人队伍技能提升制度、工资分配集体研究制度等 16 项制度，把区队目标融入生产计划，细化管理流程。

对于王联合来说，安全永远是生产的第一目标，安全联保奖的设置，成功调动起矿工们的安全意识。在开拓工区，每人每月有额外 1 000 元的安全联保奖励，如果一个小班没有出现工伤，那么小班中的每位工友当月就能得到这一奖励，用这样的激励方式规范施工进程，工友们也十分开心。

另外调整工资分配制度也深得人心，工资分配透明化，保证了按劳分配、多劳多得的公平性。王联合让验收员把矿工们的工作量按分计算，上墙公布，公示期如有异议可以随时到工区找书记和区长交流。

一系列的制度改革，让天山矿业公司看到了这位开拓能手的管理才能，开拓工区规范制度管理的部分举措，开始推行到全公司。为了进一步调动工友们的积极性，王联合还组织了各类竞赛活动，鼓励班组赛质量、比进度、赛效率、比安全，有效提升了区队的战斗力和向心力。

在获评江苏省劳动模范之前，清清白白做人、勤勤恳恳做事、兢兢业业带区队的王联合，已多次获得徐州市劳动模范、徐矿集团“十佳区队长”等称号，他所带领的区队也连续 3 年被评为公司“五佳区队”等称号，带着工友们一起进步，正是一名区长的最高追求。

王联合分享管理经验

“贴心”区长的无私奉献

如今，王联合除了严于律己、带动区队，也尤为注重培养年轻人。天山公司的许多技术人员都是年轻的大学生，王联合经常和他们谈心交流，在他看来，传承与开拓同样重要。

“年轻人的发展，从技术人员到行政岗位，再到副区长、区长，是要经过很多年的磨炼的，要经过每天下井积累现场经验。”对于团队建设，王联合从未放松，也愿意用耐心、关心与贴心去走近他们。他经常体谅工友的不易，有值班任务，他总是第一个顶上，工友们明白他的良苦用心，也愿意跟着他干，区队氛围团结而融洽。

生活中，远在天山的人们最重视的就是节日能否回到亲人身边，为了让大家能如愿休假，和家人团圆，王联合经常调整自己的休假时间，连续 4 年没能在春节回家过年，只能通过电话向家中年过八旬的母亲拜年。作为区长，王联合有着对家人的无限惦念，也有着男儿的担当：“已经不记得有多少个节日没有陪伴在家人身边了，我很愧疚。但是既然选择了这个职业，我定不负众望，立足本职，勇担职责，再创新业绩。”

面对大家的赞扬与感动，王联合表示这都是自己的职责所在，他把班子建设作为第一要务，不断强化民主作风，力保团结。平时，他注重配合支部书记搞好区队建设，自觉做到与班组成员以诚相待，积极支持支部书记及各分管副职的工作，凡事关区队安全生产方面的问题，坚持在广泛征求意见的基础上，召开会议集体协商和研究，既保证了决策的民主性和科学性，又充分发挥了每位同志的才智，带领大家心往一处想，劲往一处使。

在王联合眼中，天山公司才是最“贴心”的所在。经历过饮雪水、走山路的初代建设者，看到矿区如今基建齐全、生态宜居，他打心眼里觉得欣慰与自豪。“现在的生活可以说是吃得更舒心、穿得更暖心、住得更安心、行得更省心。”王联合说。天山公司还请来专业人员给职工们量体裁衣，每人订做了一身雅戈尔西装，西装内衬绣了每位工友的名字，大家穿上别提多精神了，“正是公司的贴心，让我们外出创业的职工体验到了‘家’的感觉”。

为了天山公司不断攀登的美好未来，王联合把每一次荣誉视为新的起点，把每一个目标视为新的挑战，精诚努力，开拓进取。全能、贴心的“十佳”区长王联合，正在和开拓工区一起，和天山矿业一起，扎根边疆，造炬成阳。

管理改革篇：
崇德尚学，坚守使命

不忘初心，牢记使命，坚持党的领导，坚定产业报国，坚守为民情怀。

——徐矿集团党建引领理念

陈引亮:
百年徐矿改革涅槃的见证者

1978年党的十一届三中全会召开以后,改革开放的春风逐渐吹遍中国大江南北,举国上下都在探索求变中尝试摸索新的发展道路,徐州矿务局也及时抓住这个契机,完成了涅槃般的转型。

改革是顺势而为,更是破局所需。进入80年代以后,长期高强度的开采造成矿区部分矿井老化,随之而来的是产量不断下降。加之矿区此前一直遵循计划经济主导的原则,过于依赖上级的政策指引和扶持,无论生产还是管理方面都存在僵化的问题,徐州矿务局的发展遭遇了严重的瓶颈期。

1980年陈引亮临危受命,由徐州矿务局总工程师提拔为徐州矿务局局长,此前他已带领职工顺利完成了在两年时间内,将徐矿的煤炭产量提高至千万吨的任务。面对徐矿的日益疲弱和式微,陈引亮无比心痛。站在改革的新形势中放眼行业内外,他深刻意识到改革的必要性和紧迫性,与其选择被动等待国家帮扶,不如选择主动出击,自觉向新的发展途径靠拢。

1982年年初,改革的春风终于吹到了煤炭行业内部。煤炭工业部不仅召开了以“煤炭行业如何改革”为主题的会议,还从千万吨产量的矿务局中初步筛选出3个作为试点,准备推行经济总承包制,开启煤炭行业的变革。当时的徐州矿务局跻身于千万吨矿务局行列不久,在已有的十几个矿务局中并不算突出,而且

陈引亮

既非部属企业，又非省属企业，自然被排除在了试点计划之外。

然而陈引亮并不打算因此便错过这难得的机遇。在北京参加会议期间，他一方面给时任徐州市委书记兼徐州矿务局党委书记的丁子纲打去电话，汇报了会议的主要内容，讲述了自己想争取使徐矿也成为经济总承包试点的想法；一方面直接给高扬文部长发出信件，陈述徐州矿务局满足千万吨产量、同样是行业主力军的条件，以及成为经济总承包试点的强烈意愿。

所谓总承包，主要分为“三包”和“四保”，陈引亮后来结合徐州矿务局生产实况这样解释：“‘三包’，一是包产量，以我们矿务局 1982 年实际产量 1 140 万吨为基数，逐年递增 2%，5 年总产量 5 970 万吨；二是包亏损，按实际产量每吨补贴 2 元(其中 1 元为压煤村庄迁建费)，超亏不补，节余留用；三是包矿井改扩建、技术改造费用和生产维简费，分别按每吨煤 2.5 元和 6 元实行全额包干。‘四保’分别是保证每年提交 1 140 万吨原煤由省里统一分配，保证分配的供货合同全部兑现，保证矿井资源合理开采，保证实现安全生产。”

对当时被选作试点的矿务局来说，接受总承包任务，可以被赋予一定的权利，如超出生产任务的煤炭可以在限定区域内自由销售，所得收益由矿务局自行分配使用；在政策允许的范围内，可以调整工资分配、奖励制度等，这意味着企业在管理方面将更加自主。但压力和风险也是不容忽视的，煤炭生产过程中难以操控的因素很多，一旦完不成承包任务，职工收益就会没有着落。为此初选的 3

个试点中有 2 个都选择了放弃,而在陈引亮的主动申报下,徐州矿务局成功拿到了试点名额,自 1983 年开始了为期 5 年的经济总承包制。

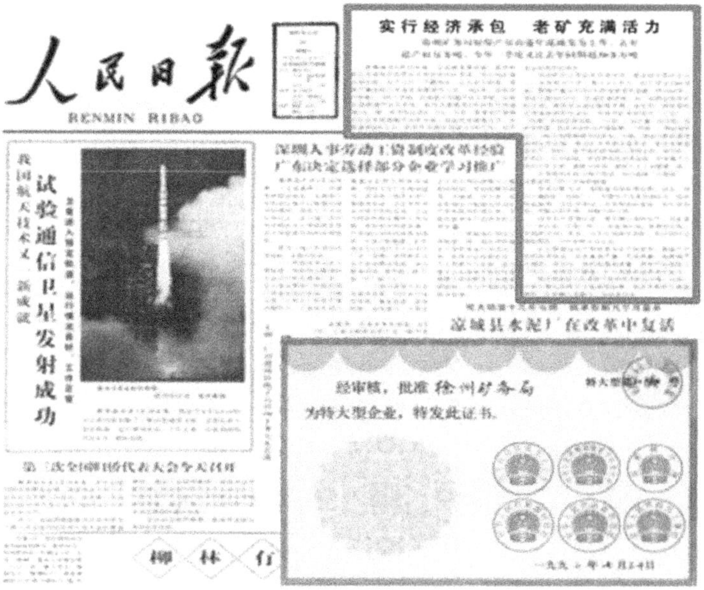

人民日报
RENMIN RIBAO
实行经济承包 老矿充满活力
深圳人事劳动工资制度改革经验
广东决定选择部分企业学习推广
我国航天技术又一新成就
试验通信卫星发射成功
凉城县水泥厂在改革中复活
经审核,批准徐州矿务局为特大型企业,特发此证书。
椰林行

1983 年《人民日报》刊文介绍徐州矿务局在全煤系统率先实行经济总承包

确定施行总承包制后,徐州矿务局热火朝天地展开了改革工作。在煤炭工业部和国家计委的协助下,陈引亮带领业务部门和分管领导干部,将对上承包的产量、安全、费用等大指标进行拆分,细化为 2 万余个具体而详细的小指标,从上到下层层分包,将职责和任务落实到个人,使全体职工切实参与到改革中;由于很多职工对经济总承包制度一知半解,无法正确认识改革,矿区特地开办培训班,组织职工学习总承包相关的知识,职工积极性被调动了起来。

对于旧有生产管理体制,陈引亮进行了大刀阔斧的改革。为适应煤矿企业的独特性,他将安全生产提为管理的主线和核心,要求在此基础上兼顾其他,从领导体制、用工制度、机关职能分配到计划财务管理、材料供应、安全管理体制等全部予以更新和调整,在建立制度的同时也不忘强化监察的作用,推动了质量与安全的双向促进和保障;因为有着 30 余年的煤矿生产技术实践经验,陈引亮深知科技对煤矿生产的重要性,他运用自己丰富的技术理论知识,大力推进矿井的技术改造,推广采掘机械化和配套的现代化管理方法。生产之外,科研攻关也被提上日程,他组织科研人员积极参与国家相关课题的研究,不断攻克技术难关。

事实证明,总承包制是可行的,在各项改革措施的共同发力下,徐州矿务局很快取得了理想的成果,百年徐矿迅速焕发出新的生命力。煤炭产量大幅提升、经济收益扭亏为盈、百万吨死亡率降低、集体福利改善、职工积极性高涨……直至1987年第一期总承包结束之际,徐州矿务局所取得的实绩有目共睹,不仅提前、超标完成了总承包任务,还培养了大批专业人才,取得了390项科研创新成果。虽然因为政策性支出远超预期等因素有所亏损,但在保证按承包合同供应煤炭的前提下,还是通过销售超产煤炭、缴纳能源交通基金和各种税金等,切实提高了国家、企业、职工的收益,成功实现了多方共赢。

乘胜追击的徐州矿务局将经济总承包又延续了3年,直到1990年才结束。不过百年徐矿的改革并未随之画下句号,经济总承包除了带来丰厚的物质收益,更重要的是打开了陈引亮等人思想解放的大门。两年后,徐州矿务局正式进入了下一个改革阶段——开放煤价,拥抱市场。

新中国成立以后,作为国家基础行业,煤炭行业的发展道路长期被框定在计划经济模式内。虽然实实在在地生产煤炭,但对于煤炭的价格,企业本身并没有决定权,一切需听从国家相关部门的指示。陈引亮回忆,这种照本宣科的方式虽然一定程度上适应了当时的国情,但有时确实也会导致煤炭成本反超售价,矿务局普遍亏损的情况。

为了增强老煤炭企业自我脱困的能力,徐州矿务局再次主动请缨,申请开放煤炭价格,与煤炭市场接轨。1992年7月1日,在国务院的许可下,徐州矿务局再次成为试点单位,“全面放开指导性计划煤及定向煤价格,取消计划外煤炭最高限价和超产、增产加价”。

但这次的改革在起步时便遭遇了重大挫折。“煤价突然放开,我们没有思想准备,对市场经济也不懂。”陈引亮回忆那段艰难的日子,指引性政策、可资借鉴的经验都是没有的,省政府也取消了每年下拨的亏损补贴、矿井改扩建资金和改造技术投入,企业的各项支出全都需要依赖于开放煤价所增加的收入。

陡然提升的压力让陈引亮和其他管理人员一度慌张,初次自主定价的效果并不理想,煤炭销量不升反降,严峻的现实让他们感受到了市场运行机制的复杂。情况不容乐观,但改革的路毕竟还是要走下去,不懂市场便去努力了解,没有政策可以依赖、没有经验可供借鉴,便转“等”为“找”,打开思路,试着自己去发现问题、解决问题。

徐州矿务局市场调查小组很快成立起来,组员们跑遍全国多个省市,一一进行实地调研,终于找到了问题所在:徐矿的煤炭质量能够获得用户的认可,但价格与其他矿区相比则较高。在开放的市场条件下,很多用户并不会执着于质量的高低,而是综合考量性价比,在不同的煤炭供应商之间进行权衡,随时做出不同的选择。

这次调研深刻启发了陈引亮和徐州矿务局。必须及时跟踪市场价格动态,综合考虑煤炭质量高低、售卖地区行情、运输路径成本等多方面的因素,更全面地谋划国内外市场部署,才能打赢价格开放这一仗。

因为顺应市场实际需求,及时优化了煤炭价格,徐州矿务局的煤炭销量终于有所回升。在市场、质量、效益等观念的整体加持下,陈引亮等没有沉浸于扭转局势的喜悦中,很快带领徐州矿务局的同事们继续解放思想,把改革措施深化下去。

价格为标,质量是本。无论如何,依旧要坚持抓紧质量不放松,对开采、加工、运输等一系列程序,每一道都持续严格把关,为了加强对煤炭质量的管理,还制定并出台了相应的管理、考核、奖惩等制度,定期检查与不定期抽查相结合,绝不放松对质量的管控和监督。与此同时,徐州矿务局将销售服务线拉长,建立售后服务机制,终于使徐矿煤真正走进市场、赢占市场,树立了口碑,一步步在国内外市场中稳定下来。

开放煤价让陈引亮等人对国内外市场的认识从无到有,从有到深,越来越开阔的思维也使他们意识到煤炭市场上除了价格,还可以开拓出更多的发展机遇。为此陈引亮继续领导徐矿对传统的经营模式进行改革,在生产和售卖原煤之外,发展精煤业务,改进粗放经营方式,探索循环生产的可能,把短暂的煤炭开采延长为更加可持续的资源生产,对于矿区生态环境也越来越重视,把废弃的矿区土地改造为宝贵资源。最初单一的价格开放之路,就这样逐渐被徐州矿务局走成了一条康庄大道。

徐州矿务局没有辜负自己作为开放试点单位的责任,以身作则,用实际行动证明了经济总承包和开放煤炭价格、引入市场运行机制的可行性,为整个煤炭行业的发展探索出一条新道路。陈引亮也如同徐矿的一块煤炭般,亲身见证了百年徐矿的改革之旅,更以自身的燃烧,助力了其辉煌的涅槃与重生。

陈创举：

开疆拓土的天山创业英雄

在新疆库车，沿着网红公路“独库公路”感受雪山峻岭、草原风情的游客们，经常会忽略掉路旁的一条岔路，简易的门头如同低调的路标，提醒着人们在自然景观秀美奇崛的天山脚下，还隐藏着一颗产业援疆的行业明珠——徐矿集团新疆天山矿业有限责任公司。

雪山脚下的天山矿业公司

就读于中国矿业大学的陈创举,正任职于这里,作为党委书记兼董事长,他感念于天山矿业“从无到有”的创业艰辛,见证了公司业绩“从小到大”的砥砺前行,更带领着全体职工全力以赴,实现天山矿业“从大到强”的不断攀登。

天山矿业公司党委书记陈创举

十八勇士上天山,绝地求存开新局

每每讲到天山矿业今日的辉煌,陈创举和同事们总是自谦的,他们更喜欢把成绩归功于创业之初“十八勇士上天山”的开拓精神,正是这种坚忍不拔的毅力,破釜沉舟的决心,主动“走出去、拼未来”的勇气与智慧,一脉相承,让天山矿业在二十年里置死地而后生,扎根边疆,成长为企业栋梁。

21 世纪之初,党中央提出“西部大开发”政策,正处在转型路口的徐矿集团,找到了新的方向。省内资源枯竭,企业发展受阻,徐矿集团主动出击,在政策指引下踏上了前往新疆的征程。

来自徐矿集团义安矿、韩桥矿、董庄矿的十八位矿工,最先来到这片荒无人烟的戈壁滩。20 世纪 80 年代,库车曾想在这里建设一座封闭式的煤矿,但未能实现。

为了集团的未来、新疆的明天,十八位工友舍弃了曾经安稳的工作、优越的待遇、温馨的生活,从富饶繁华的江苏来到天山脚下的库车。这里有着最纯净的天空与空气，没有的，是城市中的便捷、舒适，以及能够高效开发西部煤炭的现代化矿井，这便是他们西行的意义。

在海拔 1 980 米的戈壁上，他们看到的是荒山、沙石，耳边吹过的是寒风、鸦鸣，喝的是雪山融化的雪水，住的是废弃的羊圈和几间破败不堪的土坯房。到了晚上，残破的屋顶洒下一片星光，却也带进来搀着雪花的冷风和野狼的嚎叫。衣食住行的匮乏，与世隔绝的孤寂，十八位战友一一忍耐，自力更生，相互扶持，他们找来毛毡木板加封门窗，焊起铁炉取暖做饭，土豆冻成了“铁蛋”就先煮开再清洗……生活中的困难总有办法克服，但最难扛过去的，是浓浓的思乡情。在没有信号、没有电视的夜晚，想起家中的父母妻儿，铁血男儿的泪水只能流在心底。

来不及咀嚼辛酸，工友们已经要忍受着头晕乏力的高原反应，承担起开荒建业的职责。在最艰难的日子里，徐矿人特别能战斗的攻坚态度，成为十八位矿工的精神信仰。热火朝天的工地上分不出谁是领导，只知道冲在最前面的，一定是党员。平整地面、抬架设备、开挖井道、结扎钢筋……每个人都是一身泥一身汗，喷注水泥浆时，工作服溅满了水泥又硬又沉，大家只能用棍子敲打，用刷子洗衣。当然，需要用刷子清洗的不只有工作服，矿工们整日在工地劳作，身上的污垢也要用粗鞋刷才能清洁干净，但洗澡的机会也是难得的，山上交通不便，大家轮流着半个月才能下山洗一次澡。

到了冬天，零下 30 摄氏度的严寒，对于来自江苏的人们又是一重考验。矿工们的手脚冻裂了，戈壁的土地冻得无比坚硬，但更为坚硬的是十八位矿工的决心：为工友谋求出路，为集团开疆拓土，更为祖国开掘出新的资源宝库。

时间一天天过去，许久没能联系家里的工友们想出了个好办法，既不耽误工期，又能带给家人一份安心，那就是请下山运设备的人帮忙到 90 公里外有信号的地方，给十八个家庭一一打电话报平安，他们把想说的话写在纸条上，轻飘飘的纸页，承载的是厚重的眷恋与无声的坚持。

第一个春节，每个人都渴望回家见见思念的亲人，但是初见规模的工地需要人值守，包卫华等党员纷纷主动表态，坚守岗位，让工友们回家过个放心年。没人知道的是，包卫华的岳父此时已在弥留之际，无人的角落里，孝顺的包卫华每每想起疼爱自己的老人，总会面朝家乡的方向大哭一场。这大概是最冷清的除夕，在全国人民阖家团圆时，这里没有欢笑声、爆竹声，只有时而响起的狼叫，和早已回荡千万年的无边寂静。留守天山的工友们，喝了酒，和衣而卧，迎接着下一个前往工地的黎明。

由中国矿业大学社科处组织的调研团，来到天山听到十八勇士的故事，颇为动容,张矛矛处长感慨到矿大在四川办学时与天山矿业的相同境遇,三汇坝时期的矿大,开山取石,自盖校舍,和初来新疆的工友们一样,一边搞基建,一边求发展。或许这种开拓精神早已在艰苦行业的救国历程里融入矿业人的血脉,才能支撑着矿大与徐矿无论历经多少磨难,仍能逆境崛起,重整江山。

辛劳日夜不息,希望生生不止,井巷里煤线的出现,给十八勇士们注入了一针强心剂。徐矿集团也派来了又一批创业队伍,此时三栋连体楼刚刚建好,首批前来的十八人本应率先入住,但大家说了,"不能让新来的人受我们一样的苦",于是他们依旧守在破旧的平房里,把新宿舍楼让给新来的工友。十八位矿工们无私奉献、顽强不屈的创业传奇,激励着一批批投入天山建设的徐矿人,也打动了新疆本地的干部们。2003 年 5 月 15 日,时任中央政治局委员、新疆自治区党委书记王乐泉视察天山矿业公司,高度赞扬了徐矿人拼搏、忘我、坚毅的工作状态,并与十八位开拓者合影留念。

2004 年 4 月 24 日,首采 1102-1 工作面试生产,至年底试产原煤 252 324 吨,天山矿业公司建成南疆第一个现代化矿井。此时距离 2001 年 9 月 2 日,集团公司与阿克苏地区行署签订《俄霍布拉克矿区投资协议书》,刚刚过去两年多。十八勇士们再一次流泪了,这一次是激动、欣慰的泪水。无数个负重前行的日日夜夜,终于迎来了柳暗花明的灿烂前景。

从零到有,从大到强

到了 2022 年,天山矿业公司俄霍布拉克煤矿已成为"国家一级安全生产标准化矿井""全国双十佳煤矿"……经历了前期的艰辛起步与踏实积累,2015 年,天山矿业终于冲破层层险阻,正式进入了跃迁式的高速发展阶段。

陈创举是在 2014 年来到天山矿业的,担任生产副总经理。彼时经济形势并不乐观,受国际国内宏观经济下行影响,煤炭供大于求,煤价大幅下滑,天山矿业遭遇发展瓶颈。

这一年的公司工作会议上,大家充分肯定了成绩,也分析了影响企业发展的 7 条突出问题,其中涉及安全问题、质量标准化、生产组织、经济效益、民生关怀诸多方面。这般情况下,以"煤"求发展、谋生存的企业,如何保证在煤炭市场激烈竞争的夹缝中生存发展? 成为横亘在每一位徐矿天山人心头的难题。陈创举给出的答案是:不断改革创新,在危机中破"危"寻"机"。

那些困难重重的日子里，陈创举坚持与公司班子成员目标同向，上下同心，全面贯彻落实集团公司各项工作部署，集中精力抓好煤炭生产组织。作为生产副总，陈创举每天深入生产一线，专心又耐心地研究现场存在的问题，大到系统协调，小到安全细节，职工们处处可以见到他忙碌的身影。

陈创举在井下工作

为了达到安全高效的生产目标，陈创举树立了“增产量就是提效益”的理念，在保证安全的前提下最大限度释放产能，超前研究矿井接续状况，建立透明地质平台。为了保证产量指标兑现，天山矿业围绕全年产量指标，层层分解到每个月、每一天、每个小班，按照生产计划严格落实兑现，以班组保区队、以区队保公司，实现了稳产增产。陈创举和干部职工们同甘共苦，攻坚克难，在全国煤炭市场下行的情况下，公司不仅保持安全生产正常运行，还实现了生产效益稳步增长。天山矿业的地方经济贡献率不断提高，成为了地方同行中的佼佼者，备受地方政府和部门关注。

与天山矿业一同成长，是陈创举一直恪守的工作准则。2017 年以来，陈创举先后担任公司党委副书记、总经理，公司党委书记、董事长，公司也成为了徐矿集团主力矿井。曾经从零创业的异地办矿，早已成长为徐矿的骄傲，新疆地方经济的功臣。

对于煤炭行业来说，安全生产永远是第一位的，五年来，陈创举认真贯彻落实习近平总书记对安全生产的重要指示精神，把安全生产视为“国之大者”，守牢

“发展决不能以牺牲安全为代价”这条底线,以“时时放心不下”的责任感抓好安全生产,先后总结提炼出“1234 安全理念”“331 安全管理机制”“234 安装拆除法”等一系列符合时代精神、具有天山特色、得到行业认可的企业安全文化。以“331 安全管理机制”为例,陈创举要求矿区进行每月 3 次隐患大排查、3 次安全生产标准化旬查,每季度 1 次大系统安全风险评估,做到一般隐患不过夜,重大隐患挂牌督办、跟踪治理、逐项销号,在未雨绸缪中解决安全隐患。

陈创举实训指导

2017 年 11 月,天山矿业全面打响创建国家一级安全生产标准化矿井的攻坚战。22 期不同专业的新标准培训班,1 000 余人紧锣密鼓的学习参训,将“学标准、提素质、抓现场、强基础”专项整治活动落到工作实处,融入矿工生活。创建期间,陈创举 7 次召开标准化建设大型现场观摩会,精益求精,以点带面,建成 1406、5104 样板采煤工作面,5106 样板掘进头,1460 和 1650 两个中央泵房和变电所样板硐室,五煤运输样板线。深入地下的巷道,通畅明亮,设备整洁,秩序井然。2018 年,天山矿业公司以 90.22 分的高分成功通过国家一级安全生产标准化矿井验收,又在 2021 年成功创建“国家安全文化建设示范企业”。

实现了安全生产,陈创举同样关心矿工们的生活幸福感。天山矿业的纪委书记许玉国回忆说，在他负责后勤管理时，陈创举书记带他进行了一次特别的“拉练”。两人从生活区步行到采掘头面，三小时的路程，只靠两条腿，不坐车。“一趟下来直接给我整‘残’了，一个礼拜上下楼都要抓着扶手，两条腿酸得根本抬不起来。”提起这次特别的下井，许玉国笑着摆摆手，记忆犹新。“当时走了1/3的路程，我就扛不住了，创举书记鼓励我说回头没有路，必须往前走。”对于身在天山的徐矿人来说，从创业开始，就是一条“回头没有路，必须往前走”的征途，在许玉国看来，这就是最热血的激励。直到“拉练”结束，看着气喘吁吁的许玉国，陈创举又说了一句话：“不容易，工人还得干8小时的活。”许玉国懵了一瞬，顿悟了，在开通车道之前，初代天山工友，不仅每天要走过漫长的山路上工，还要继续下井工作8小时，“我一下子就明白创举书记的用意了，就是必须要对工人好，工人是我们的衣食父母，所以这次‘拉练’后，只要工人想得到的，我们都会尽力去满足；工人想不到的，我们也尽力去替他想”。

于是，天山矿业实实在在地做了一批惠民生、暖民心、解民忧的事。职工回家不方便？公司就租来班车，接送职工前往机场，其他企业的员工拖着箱子一路波折，都十分羡慕。下山取快递太麻烦？就和快递公司多次沟通，终于在活动中心设置了驿站，让雪山环绕的世外伊甸园也能享受便捷的现代服务。业余生活太乏味？活动中心开设了阅览室、体育馆、健身房，经常组织球赛和文艺演出，还会定期在电影放映厅播放《长津湖》《流浪地球》等大片，每到晚上这里就是矿区最热闹的地方。食堂伙食不满意？就重新招标、严格管控，同时给厨师涨工资，将承包薪酬与职工满意度挂钩，与成本挂钩，与服务质量挂钩。

为了方便开采煤炭，天山公司的生活区距离最近的县城也很远，矿工们远离家乡，千里奔赴，陈创举看在眼里，疼在心里。陆续给每个宿舍里都安装了淋浴器、热水机、洗衣机，浴室里甚至还购置了按摩椅，为辛劳一天的工人们放松筋骨。在徐矿家文化建设中，天山公司的工友们真正找到了家的温暖。

陈创举多次强调，要着力办好涨工资、提待遇、美环境“三件大事”，如今，矿工在天山安居乐业，甚至不少工友举家搬迁到矿区生活。陈创举备受鼓舞，努力把荒滩戈壁建成生态宜居的幸福家园，园区内开挖人工湖，绿树成荫；打造养殖园，自给自足；还栽种“杏”福园，更换太阳能路灯……无论是园区门口的千亩生态林，还是办公区花香四溢的热带生态仓，曾经的茫茫戈壁，在天山矿业坚持不懈的守护中，真正成为荒漠中的世外桃源。而这些努力背后，是徐矿集团始终坚持的“绿色发展”理念。“过去有一句话叫人定胜天，这是唯心的，应该是人与自然和谐共生，科学带来的金山银山其实都是大自然的馈赠，人在当中是很渺小

天山矿业公司食堂

职工电影院

的。”见证了园区从荒漠到绿洲的转变,许玉国如是说。

在天山矿业公司的奋斗传奇里,中国矿业大学也贡献了科研力量,一方面通过“俄矿煤层群开采矿压规律与巷道围岩控制技术研究”“多重采动影响下区段煤柱稳定性及回采巷道围岩控制技术研究”“俄矿通风阻力测定报告”等项目展开合作,到矿实地开展调查研究,进一步提升矿井安全开采水平和效率;另一方面,搭建学历教育提升平台,天山矿业公司设立了中国矿业大学函授教育站,构

职工疲劳恢复室

园区生态湿地

建“学历＋教育”“生产＋科研”“实用＋创新”的人才培养模式，每年都有几十名职工参加采矿工程、电气工程及其自动化、机械工程、机电一体化等专业的学历教育提升，为天山矿业的智能化建设提供教育支持。在中国煤炭行业的转型升级中，徐矿和矿大作为亲密战友，携手共进，实现着科研与实践的双向奔赴，合作共赢。

产能核增连级跳,斗志昂扬谱新篇

细细翻阅天山矿业公司的成长史,会发现一座百年国企在新世纪20年的转型巨变。一个个时间节点,记录着天山矿业的迅速成长:

2006年3月矿井通过90万吨验收;

2007年3月通过180万吨产能验收;

2011年3月通过325万吨产能验收;

2015年2月通过400万吨产能验收,实现了跨越式发展;

2018年在国家煤炭去产能的大背景下,将产能核增到750万吨;

2021年获得自治区发改委850万吨产能核增批复……

自从2015年达到400万吨产能核增,天山矿业正式进入高速发展时期,每三年一次连级跳,400万、750万、850万,三个简单的数字背后,是天山矿业勠力同心、敢想敢拼打造出的行业奇迹。

最初,所有人都认为,这是不可能完成的任务。

2017年,南疆煤炭市场需求回暖,但煤价低迷,根据产能限制,天山公司俄霍布拉克矿区每年至多只能生产400多万吨煤炭。2018年,集团表达了对天山公司的殷殷期待:“俄矿的产能核增,关系到整个集团发展。大矿要有大矿的担当,产能核增再难也要往前推进。”

此时正值国家“打非治违”关键时期,严厉打击超能力生产。而天山矿业所在的库车,因为境内煤矿连续发生3起安全事故,已成为自治区重点监管对象,想要推进产能核增,难上加难。

经过“走转访”等系列调研,陈创举和同事们总结出亟须解决的4个难题:“一是俄霍布拉克矿区总体规划是430万吨/年,要核增产能,首先要动总规,而动总规没有几年时间是批不下来的;二是公司2015年刚刚通过400万吨产能核增,时间短、达不到再次进行产能核增的条件;三是在国家煤炭去产能的政策背景下,新疆维吾尔自治区近4年来没有核增过一家矿井,退出的产能已全部用于21家未批先建的矿井建设;四是公司初设是高瓦斯井,也是水文地质复杂型矿井,国家明文规定两类灾害严重的矿井只要有一类一律不予核增。”

同时也想出两条解决路径:一是利用新国标国家一级质量标准化矿井的置换产能指标;二是利用徐矿集团公司在去产能的过程中安置过剩职工置换产能。

确定了主要矛盾和努力方向，剩下的就是百折不挠地打拼。用陈创举的话说，当时真是“走过千山万水、吃尽千辛万苦”。

早在俄霍布拉克矿选址之初，负责规划的工程师在勘测时简单测了瓦斯涌出量，便将俄矿定义为高瓦斯矿井。十多年里，天山矿业从未放弃向相关部门申请重新测量，但一直没有实现。这一次，陈创举和同事们铁了心要根治这块“心病”，不厌其烦地到煤管局汇报沟通，精诚所至，终于获得请权威机构再次鉴定的机会。

国家有规定，矿井涌水量每小时超过 500 立方米就属于水文地质复杂类型矿井，而俄矿的涌水量是每小时 530 立方米。这一次，运气留给了有准备、敢拼搏的天山矿业，国家煤监局正在修订的《煤矿防治水规定》中，复杂矿井的涌水量调整为每小时 600 立方米。

通过安全生产系统改造提升和重大灾害有效治理，有效降低了安全生产风险，满足了产能核增的“硬杠杠”。于是，陈创举立刻带着同事们多次前往沈阳、西安，恳切邀请两家煤科院前来测定数据。每一次现场测定，每一轮评审会，陈创举都会提前到专家办公室门前等候，一一汇报天山矿业的困难与坚持、千余名职工的拼搏与期待。终于，经历三轮实地勘察，专家们给出整改建议，2018 年夏天，天山矿业接连收到好消息，系列工作均为核增奠定了扎实的基础。

为了推动产能核增的节奏，天山矿业想出了“三找”方针：一是积极主动自己找，二是争取地方政府帮忙找，三是发动用户协助找。随后，俄矿先后 11 次到自治区煤管局、阿克苏地委行署反映产能核增的诉求和依据；南疆七大电厂联合上书自治区人民政府，请求给予俄矿产能核增；自治区政府有关领导主动带领发改委、煤管局、能源局到北京有关部委协调产能核增问题……

2018 年 12 月 24 日，国家发改委传来了好消息，将天山矿业公司俄霍布拉克煤矿产能由 400 万吨/年，核增为 750 万吨/年。这等于为徐矿集团额外贡献了一座年产 350 万吨的大型现代化矿井。而新建这样一座矿井，通常需要 20 亿元投资和 3～5 年的建设周期。

陈创举把这次产能核增的成功经验总结为“以有 1％的希望用 100％的努力扛起重担，以非常规措施应对非常规问题突出重围，以锲而不舍的主动把不可能变成了可能”。因而在 2021 年又一次产能核增工作中，大家再次坚持跑断腿、磨破嘴的劲头，高扬起“不破楼兰终不还”的精神。

2021 年，国内形势又发生了变化，陈创举紧紧抓住疫情防控稳产保供和国家鼓励优质产能释放的历史机遇。天山矿业首先需要面对的，是新疆维稳高压

天山矿业公司职工风貌

态势及国家部委严格的门禁,约见不仅要安检、排队,甚至有时连大门都不让进,陈创举带领同事们坚持打好诚恳牌、感动牌,“上至领导,下至职工,主动放下架子,俯下身子,不讲面子,可谓是甘当‘店小二’”。凭借着踏实坚定的工作态度,对外,他们积极到国家部委、自治区等行管部门推进产能核增相关手续的办理进度;对内,他们持续提升矿井安全生产能力、着力优化生产布局,对井下机电、运输、通风等系统进行改造。此时的天山矿业,聚焦于“机械化替人、自动化减人、信息化少人、智能化无人”目标,建成智能综合管控“一平台”、华为数据中心“一个库”、地理信息系统“一张图”等重点项目,全面助力矿井产能核增。

功夫不负有心人,2021 年 10 月天山矿业被国家列入第五批保供矿井,2022 年 6 月顺利取得自治区发展改革委关于 850 万吨产能核增的批复。陈创举和同事们仅用一年时间走完了三年的“赶考路”,三年时间产能规模实现翻番,再次跑出了产能核增的“加速度”。

产能核增期间,天山矿业公司以“起步就是冲刺,开局就是决战”的态势,举全矿之力向目标奋进。外出协调时,大家常常带着馕饼、方便面,在车上休息、过夜,为解决核增存在问题常常通宵达旦、挑灯夜战。感冒发热了,吃点感冒药,继续工作。副总工程师沙依提,二次过家门而未入;党政办秘书杨荣江,妻子病危前才赶回家中见到妻子最后一面;原生产技术部副部长严文龙,6 个月里一大半时间都在井下抓现场管理……150 多名干部职工没有回家探亲,有的 3 个多月没有下过一次山、没去过一次县城,过着工作场所、食堂、宿舍三点一线的生活。提起产能核增的跨越式发展,每个俄矿人的泪光与微笑里,都洋溢着自豪。

承载时代使命,肩负国企担当

作为江苏省产业援疆企业,建矿 20 年来,天山矿业公司始终坚持产业报国,主动"融入地方、服务地方、发展地方",一代代徐矿人扎根天山,打造了产业援疆的行业典范。

天山矿业大力开展"访惠聚"和"百企帮百村"活动,不仅与周边 4 个村庄结对包保,坚持"扶贫、扶志、扶智"同向发力,还通过走访慰问等方式,随时与驻村干部沟通信息,准确获取少数民族村遇到的问题和困难。在库车遭受冰雪灾害时,天山矿业及时捐助优质煤炭,帮助贫困群众度过寒冷冬日;每逢收获季节,天山矿业都会就近采购少数民族农副产品,帮助村民解决库存积压、销售困难等问题,特别是 2020 年疫情期间,先后到周边村庄采购生肉、蔬菜、水果等,共计 70 余万元;还与维吾尔族贫困户实施一对一结亲帮扶,每逢节假日,点对点进行慰问,动员全矿职工为贫困民族地区捐物、捐书。此外,天山矿业还与库车市的学校、医院联动,为单身青年创造相亲联谊的机会,目前公司已促成 6 对青年步入婚姻殿堂,5 对青年牵手成功。

除了开展丰富多彩的民族活动,作为党委书记的陈创举,也是创建民族团结进步示范单位的第一责任人,他把民族团结进步与企业生产发展共同谋划、共同推动,主动融入地方发展,打造企地共同体。

2011 年,在地方政府的积极协调下,天山矿业投资 5 亿元建成库俄铁路。2020 年,公司出资 1 450 万元,建成俄矿至 G217 国道 16 公里运煤公路专线,大大提升了煤炭发运效率和运煤安全,也方便了周边居民的出行。

自从来到新疆,天山矿业坚持就近用工,每年向社会提供就业岗位 300 余个。从职工分布来看,当前公司共有职工 1 530 余人,其中本土化用工 420 余人,少数民族职工有 150 余人。矿区经常会有一些临时性工程、服务类工作的用工岗位,也优先为就近少数民族职工提供,有效缓解了少数民族职工就业问题。

"建矿 20 年来,天山矿业累计生产煤炭 8 500 万吨,上缴税费超 40 亿元,每年捐赠扶贫煤超 2 000 吨,成为阿克苏地区第二纳税大户。特别是近两年来,面对全国煤炭供应紧张局面,我们第一时间与库车市及南疆地方政府取得联系,签订保供采购合同,暂停水泥厂、洗煤厂及市场客户采购,全力供应电厂、热力公司和政府采购,尽一切努力做好增产保供工作。”提起产业援疆的突出事迹,每位天山矿业人都能列举出一串令人振奋的数字,公司也连续三年荣获阿克苏地区“经济发展突出贡献奖”,以表彰其为南疆社会稳定、经济发展、平抑煤价做出的积极贡献。

天山矿业公司综采车间

习近平总书记强调,能源安全是关系国家经济社会发展的全局性、战略性问题,要夯实能源生产基础,保障煤炭供应安全。在俄乌局势动荡,经济全球化遭遇逆流,世界进入新的动荡变革期的今天,保障能源安全尤为重要。因此,对于天山矿业的未来展望,陈创举提出要“建设最安全矿井、建设产能最大矿井、建设效益最高矿井、建设形象最好矿井、建设环境最美矿井”。坚持走生态优先绿色发展、高碳产业低碳发展之路,做精做细煤炭产业,做好做优绿色产业,做大做强国有企业,在绘就幸福生活新画卷的同时,实现高质、高效的发展跃迁。

钟文强：

矢志躬耕，奋战能源转型第一线

这是一份写满拼搏与荣耀的简历：

钟文强，男，汉族，1966 年 9 月生，河北廊坊人。

1986 年考入中国矿业学院；

1990 年毕业于中国矿业大学电厂热能动力专业，获工学学士学位；

2004 年获中国矿业大学工商管理硕士学位；

现任江苏省能源投资有限公司董事长、党委副书记，兼任苏能（锡林郭勒）发电有限公司党委书记、董事长和苏能白音华发电有限公司党委书记、董事长。被评为“徐州市劳动模范”“徐矿功臣”，获选徐州市第十二届党代表、多届泉山区人大代表，曾两次荣获徐州市“五一”劳动奖章，荣获第七届“江苏省优秀企业家”称号。

作为中国矿业大学电厂热能动力专业的首届毕业生，钟文强怀揣电业理想，坚守尚学初心，三十年如一日地奋战在电力行业，参与建设并运营了徐州垞城电厂一期、二期、三期工程，主导建设并运营了江苏徐矿综合利用电厂（国内首批亚临界 CFB 火电机组）、江苏华美热电厂（国内首批超临界 CFB 火电机组）和淮海大数据中心。

钟文强一路披荆斩棘、高歌猛进，在事业上取得了丰硕成绩。而后，为了保

钟文强于江苏华美热电公司

障江苏省能源安全,他积极响应徐矿集团号召,主动奔赴内蒙古地区拓展煤电板块,开拓建设苏蒙两省首个重大能源合作工程。如今,钟文强正在锡盟乌拉盖全面建设国内首台百万褐煤发电厂,并筹划建设苏能白音华 2×660 MW 褐煤电厂,持续打造环保、节能、生态的火力发电企业。

作出选择,就要忠诚于职业操守

每个奋斗故事,都源自最初的坚定选择。从钟文强的回忆讲述中,便能真切感受到他对电力行业因热爱而坚持,因坚持而卓越。

当时间回溯到 1986 年,19 岁的钟文强考入中国矿业学院,其间他努力学习电力专业知识,热衷于各项文体活动,作为学生会文体干部,他既是文体活动的组织者,也是参与者。时任系党支部书记刘圣汉和辅导员老师袁英菊经常教导他们:"首先学会做人,然后学会做学问"。这句话对青年时代的钟文强触动很大,历经多年依旧铭记在心。四年的大学生涯是有限的,但矿大学风的浸染是无穷的,矿大生活带给他的不仅是电厂相关的专业理论知识,也包含着诚挚做人、勤恳做事的人生之道。

1990 年 8 月,作为原煤炭部首届电厂热能与动力专业毕业生,钟文强拥有着诸多就业选择,繁华优越的一线城市抛来了橄榄枝,民营企业也许下高薪优待

1987 年 6 月，在矿大图书馆前与本班同学合影(中排右三为钟文强)

的允诺。但他毅然选择加入国内首个大型煤电联营坑口电厂——徐州垞城电厂。

参加工作的第二年，钟文强主动请缨，申请调到脏、累、苦、险的一线，从事锅炉专业技术员工作，同工人吃在一起、干在一起。当时有很多人不理解，一名被称作“天之骄子”的大学生，为什么要选择锅炉专业？为什么要主动到现场一线受苦受累？面对这些质疑，钟文强清醒地意识到：“锅炉专业在火力发电行业里与企业的安全、环保、节能、经济效益、综合利用关系最为密切，想要摸清其中的‘专业门道’，就必须到‘一线战场’去磨砺！”这是一名刚毕业大学生的超前认知：道有夷险，履之者知，百闻不如一“践”。

说到 20 世纪 90 年代初的国家电力发展情况，钟文强颇有感触，当时机电设备制造质量差、运行故障多，加之电网负荷紧张，机组发电利用小时达 6 500 小时以上。频频涌现的现场技术问题，让加班加点抢修设备成为技术员的工作常态。钟文强回忆说，为了抢修风机和制粉系统，他的最高纪录是曾经不眠不休地奋战三天两夜。付出总会有回报，无数的夜以继日，无数的潜心研学，无数的现场攻坚，不仅让钟文强快速进入专业角色，也使他悟透了火力发电企业的专业管理诀窍。

他从一名工程技术员干起，经历了分厂主任、检修公司负责人、副总工程师兼安监部长等岗位,迈出一步步踏实而坚定成长步伐,在一次次磨砺中百炼成金,35 岁这一年,钟文强已走上电力企业总工程师岗位,完成了从初出茅庐到独当一面的蜕变,积累了丰富的专业管理经验,为迎接下一轮挑战夯实了根基,提供了沃土。

奋力争先,勇做行业“领跑者”

敢为人先,永远是探路者的专属勋章。做前人没有做过的事,走前人没有走过的路,不仅要挖掘最新的市场机遇、研发最新的前沿技术,也要承担起未知的风险与压力,这也是对先行者无畏胆识、战略眼光的考验。2007 年,国家为了消解逐年增加的低热值煤炭,进一步提高火电厂环保排放水平,国内首批 30 万亚临界循环流化床燃烧技术应运而生。时任江苏徐矿发电公司的副总经理兼总工程师的钟文强,基于对行业形势的精准研判,果断向集团公司和公司董事会推荐选用国内前沿技术。3 年的建设调试,1 000 余天的全力以赴,终于迎来 30 万亚临界循环流化床发电机组顺利通过了 168 小时试运行,成为国内当期同类型机组建设运营典范的好消息。

2010 年,钟文强调任华美热电公司任总经理兼党委书记,他将目光投向城市供热市场,力图替代作为供暖主力的上百台小锅炉,改善徐州市西部城区的大气环境,为民生与环保贡献一份力量。在他的引领下,华美二期工程于 2012 年启动,国内首批 35 万超临界循环流化床锅炉投入研发生产,为了获得更加优化的技术经济指标和更加先进的环保排放指标,钟文强坚持超越自我,勇于担当负责,悉心选择国内一流的设计单位、制造单位、监理单位、调试单位,展开密切合作。钟文强全身心地投入工作,全力拓展华美热电的事业版图,一方面狠抓二期工程的建设施工基建;另一方面也从未放松一期项目的生产运营。在三年多边生产、边基建的时间里,钟文强没有一天休息,没有一刻放松,时时坚守岗位,发挥模范带头作用,直至华美二期工程的建设运营指标创下“五项国内纪录”,荣获“国家优质工程奖”。

2015 年,大数据概念逐渐进入公众视野,也激发了这位探路者的灵感。钟文强率先引入“火电厂+大数据”的循环经济理念,充分利用华美热电公司的电力安全保障、蒸汽溴化锂制冷、环境土地和区位等优势资源,筹划建设“淮海大数据中心”,这也是国内唯一一个将热电资源与大数据产业相衔接的循环经济项目。从前期调研立项、手续跑办再到建设运营，钟文强作为淮海大数据项目的首要负责人，亲力亲为，矢志躬耕，推动项目“落地生根、开花结果”，为淮海经济区大数据产业发展的规模化、集约化运行打下坚实基础，成为“徐矿名片”、创出“徐州品牌”，2018年，淮海大数据中心先后接待了时任江苏省委书记、省长的参观考察。

时光荏苒，转眼到了2021年，钟文强又一次迎来事业上的跨越和挑战，他被任命为江苏能源投资有限公司董事长、党委副书记。江苏省能源投资公司是徐矿集团电力板块的专业化管理公司，是经江苏省人民政府批准、保障江苏能源安全供应的重要企业，主要负责投资、建设、运营火力发电企业，以及风电、光电、储能等新能源项目的开发和运营管理，从事配售电、电力工程、电力运维等业务。公司积极谋划和开拓省际能源合作，努力建设具备发、配、售、热一体化产业链的综合能源企业。钟文强作为江苏能投公司的领航者，积极响应江苏省能源局和集团公司号召，毅然带领大批专业管理人员远赴祖国北部边疆，挑战承建国内首台“江苏能源乌拉盖 2×1 000 MW 超超临界褐煤发电项目”。这是苏蒙两省首个重大能源合作项目，是“锡盟-泰州”±800 kV 直流特高压输电线路重要支撑电源点，项目建成后将成为全球规模最大、参数最高的百万褐煤示范工程，承担起保障江苏能源安全的重要任务。

理念先行，蹚出转型新出路

在竞争日趋激烈的现代社会，他带领的公司团队为什么能屡创佳绩，大放异彩？谈及企业的运营管理，钟文强认为正确的企业管理理念，是推动企业行稳致远的关键法宝。

他把“严谨规范、诚信务实、雷厉风行”十二个字融入企业文化，贯穿于工作始终，带领员工开足马力、排除万难，打造电力行业一个又一个创新高地。

“一事不谨，即殆四海之忧；一念不慎，则殆百年之患。”在钟文强看来，严谨规范是企业家的基本素养。为保证百万褐煤发电机组的先进性、安全性，在项目立项和设计之初，他亲自带领专业管理人员先后赴日本、印尼调研考察，基本走遍了国内北方地区在建、在运的所有百万千瓦发电项目，筛选采用了诸多国内、国际领先技术。在乌拉盖电厂项目建设过程中，他带领团队克服重重困难，明确可持续发展的目标，积极探索高寒地区能源、环境及生态协同发展新途径，在设计、建设、运营过程中努力确保“三低”：低煤耗、低排放、低水耗；争创“三高”：高寒地区建设施工、高参数技术应用、高质量工程建设的典范。在确保生态环境效益的前提下再创企业经济效益和社会效益，开辟环境与发展共赢的新蓝海。

2021 年 11 月 19 日，陪同锡盟副盟长胡成东（前排左二）、乌拉盖管理区主任常胜（前排左三）在乌拉盖电厂桩基施工现场调研

钟文强常说“做事就要雷厉风行，不能拖泥带水！”他这样说，也这样做。事业上的每一次跨越，都与他“说干就干”的性格脱不开关系。“开工就是决战、现场就是战场”，承建全国首台百万千瓦褐煤机组的挑战，基建期间异地办公、高寒偏远、疫情影响是团队面临最突出的“三大难题”。到达乌拉盖草原后，受当地冬季寒冷漫长的气候影响，他迅速调整工作思路，第一时间召集公司班子成员及各部室负责人，统筹规划，从节点设定到技术创新，从建设图纸到现场规划，缜密部署，以时不我待的精神盯进度、赶工期。同时，以精益求精的标准抓质量，弘扬工匠精神，遇到问题立行立改，坚持干一个、成一个，致力于打造国优工程，兼顾质量导向和效率驱动齐头并进。

钟文强深受徐矿集团“家文化”理念的影响，将之根植于自己和每一名员工心中，注重发挥团队力量。他坚持带着感情融入职工，工作之余，不忘关心关爱员工生活，从日常食宿，到家庭状况，再到精神生活，钟文强对职工的关怀事无巨细。对待异地员工，他主张定期休假、及时休假；对待新入职员工及大学生，他亦师亦友、关怀备至。“让员工深切地感受到‘家’的温暖和归属感，和员工们‘拧成一股绳’，劲儿往一处使，推进各项工作更上新台阶。”这便是钟文强最质朴的心愿。

2022 年 7 月，苏能（锡）电公司百万褐煤发电机组锅炉钢架开始吊装

治企有方，推动公司发展行稳致远

“企业管理也如逆水行舟，不进则退，治理现代化是企业发展的重要保障。”正因为有了高瞻远瞩的管理格局，钟文强不仅认真履行企业的社会责任，也善于统筹谋划和创新企业管理。他重视人才培养，并对管理人员提出“脚踏实地、公平公正、合规经营”的工作要求，更为公司总结了发展宝典。

一是坚持党建引领。习近平总书记指出：“坚持党的领导，加强党的建设，是我国国有企业的光荣传统，是国有企业的‘根’和‘魂’”。作为电力企业的领导者，钟文强将这一要求落实到每一个工作细节，尤为注重员工的政治素养教育，他深知“身教重于言教”的道理，带头严守党员干部“六大纪律”，坚持以习近平新时代中国特色社会主义思想为指导，深入学习习近平总书记关于国企改革和党建的重要论述，坚决做到“两个维护”，坚定“四个自信”，坚持以高质量党建引领保障公司高质量发展。

二是善于创新企业管理。大道至简，和而不同，钟文强善于根据不同阶段的公司情况进行差异化管理激发内生动力。在华美热电二期工程建设期间，创造性地运用了"1、4、7"基建管理模式。其中"1"是在工程启动建设之初就要起草完善一整套项目建设管理制度,为工程建设管理提供制度保证;"4"是指工程建设一定要从"安全、质量、进度、投资"四个维度严格管控;"7"是将建设、设计、制造、监理、施工、调试等众多参建单位的各专业技术人员,统一编成"锅炉、汽机、电气、热工、化学、输煤、土建"七大专业组,且以建设单位的专业负责人为引领,在技术管理上忽略各单位界限,按专业组模式充分发挥专业人员潜能,解决技术疑难。

2021年7月于平山电厂,与上海申能科技董事长兼安徽平山电厂董事长冯伟忠(左一)技术交流

目前,乌拉盖电厂项目、白音华电厂正处于基建期,钟文强以极具超越性的站位高度和大局意识提出"一体化"管理主张,即协调带动设计、制造、施工、监理、调试等参建单位,以建设单位为龙头,凝聚共识,统一目标,营造"一条心、一股劲、一家人"的项目氛围,争创国优工程。为了进一步简化工作流程,他又推行"扁平化"管理方式,最大限度地防止指令失真、降低管理内耗。

三是全力以赴培养人。坚持围绕产业链布局人才链,注重企业人才梯队建设,为员工开辟管理型、专业型、技能型三条职业生涯路径……对人才培养的重视,与钟文强的教育经历密不可分。2001年钟文强回到母校中国矿业大学,攻读EMBA学位,并且担任了班长。对此,他表示身为一名理工专业的毕业生,从事了多年现场工程工作后,在走向管理岗位前,亟须系统地补充一些工商管理知识,搭建"工程+工商"的理论基础。这段学习经历,也让钟文强领悟许多心得:"企业最终是由人来做的,一个企业需要各类专业人才、管理人才;一个优秀的企业一定是由一个优秀的专业管理团队打造的，一个优秀的专业管理团队需要一个优秀的领军人；打造一个优秀的专业管理团队需要一个复杂、艰苦的过程。”

2021 年 7 月于北京，与清华大学热能工程系教授毛健雄进行学术交流

为此，他经常嘱托大学毕业生：“企业成功不可复制，人生成功可以复制，参加工作后首先要踏实肯干、谦虚好学，再就是持之以恒、心存高远。”在徐矿集团“满眼都是人才”的理念引领下，钟文强结合产业实况，提出要让公司成为人才的创新创业之地、成长成才之地、安心舒心之地。

此外，钟文强牢固树立安全生产观，真正做到安全无小事、安全不出事，完成安全目标，打造安全工程；尤为重视绿色转型，主张采用先进技术，着力推进清洁生产，在基建施工过程中时刻以生态环保为建设原则；大力推动技术创新，坚持“智能化生产、高效化转化、循环化利用”思路，推行智慧化工地建设和智慧管控体系。

鉴往知来循大道，向新而生再出发。当前，全国的能源企业正全面开启绿色转型、高效能现代治理的新时代，新能源格局日新月异，电力企业不断提档升级，钟文强怀着对技术创新和管理创新的执着追求、对电力建设和系统发展的深厚情怀，矢志躬耕映初心，扬帆奋楫启新程！

2021 年 4 月,徐矿集团与盐城国能签订百万燃煤发电厂投资合作协议

乔栓紧：
走向世界的矿业筑梦人

孟加拉国地处南亚，是世界第八人口大国，同时也是世界上最不发达国家之一。国民经济主要依靠农业和以成衣出口为主的服装制造业。在从农业向制造业转型的过程中，电力不足成为了制约该国经济发展的主要因素。1994 年，中国企业来到孟加拉国，建造了一座大型现代化煤炭生产基地——巴拉普库利亚煤矿（以下简称“孟巴煤矿”），并依托该矿在附近建设了一座大型燃煤坑口电站。这是该国历史上第一座煤炭生产基地和第一座燃煤电站，缓解了孟加拉国煤炭严重依赖进口的压力，开创了孟加拉国煤炭工业和用自产煤炭发电的历史，解决了孟加拉国多地区民众没电用、用电难的巨大困难。正如该国工人库瓦尔所说：“中国人给孟加拉国带来了光明。”

这样具有历史意义的工程背后，是一批批中国工人背井离乡、扎根异域的艰辛与牺牲：十余年无法回家过年，父母过世无法见最后一面，连往家里打个电话都是奢望……这些难以想象的场景在他们身上不止一次地发生着。孟巴煤矿综采一区区长乔栓紧就是他们中的一位。从孟巴煤矿投产至今，他一直奋斗在井下生产第一线，17 个春节只与家人团聚了一次。他和同事们作为在孟加拉国的“中国名片”，打响了徐矿集团“一带一路”外包生产服务的国际品牌。然而，面对记者的充满好奇与敬重的采访，在井下“指方向”“定军心”的他却没有给自己唱一句“赞歌”。孔子曾说：“君子欲讷于言而敏于行。”乔栓紧便是这句话的很好诠释。

进发，向着异域他乡

2005年，中国机械进出口（集团）有限公司完成了孟巴煤矿的建设工程。但是孟加拉国缺乏技术人员，负责孟巴项目的孟加拉国石油天然气及矿产总公司（以下简称“PB”）的工人无法开展生产工作，便再次向中国寻求合作。当时，在徐州矿务集团三河尖煤矿担任技术工人的乔栓紧接到了上级的任务，与领导和工友一起，远赴孟加拉国进行试生产。2005年1月13日，在踏出国门的那一刻，乔栓紧根本没有想到，此后的17年，他将在这个当时仅知道名字的异域国度深“耕”细“作”，开创自己的煤炭生产事业。

经过了约半年的考察与试生产，徐矿集团判定孟巴煤矿符合开展生产的条件，便与中机集团、PB三方签订了一期合约，期限为6年。乔栓紧也随着团队一起，开始了在孟巴煤矿生产的进程。

徐矿集团孟巴项目部

在异乡从零开始进行生产，需要挑战很多技术难题。但乔栓紧印象最深的困扰却不是技术上的，而是环境上的：孟加拉国靠近赤道，环境炎热，每年高温雨季近十个月。仅是在此居住生活都有些煎熬，而矿工们需要每天乘罐笼到260米深的井下进行生产工作，环境的艰苦简直难以想象。不同地区矿井下的环境受水文条件影响，会与地表形成温差：有的温度远低于地表，有的温度高于地表。而孟加拉国井下的温度格外闷热，在将近 45 ℃的高温下工作，普通人的身体完全吃不消。为了完成生产进度，一个班的活要分几次干：孟巴采取四班倒的工作机制，每班工人的工作时间是 6 小时。而因为酷热难当，每干 20 分钟左右，工人们就要爬到温度相对低一些的进风道处缓解一下，冲个凉，再回来继续“战斗”。井上会送凉水下来给工人们解暑。有的老工人喝了几口后，由于闷热恶心，又全都吐了出来。从井下用担架向地面抬中暑晕倒的工人也不是什么罕见的事。

有了“铁人”般的意志还不够，对抗极端环境还需要技术和设计上的创新。2007 年，孟巴煤矿 09 工作面温度极高。徐矿集团在实地考察时发现采用传统的“下风道进风，上风道回风”模式不利于矿下的降温，容易导致井下刚降下来的温度被很快带上地面，就将进风口和回风口进行对换。自此之后，基本所有的工作面都采用“上道进风，下道回风”的模式；同时加强采风机风量，严防漏风，尽最大努力降低工作面温度。经过磨合，第一批徐矿工人经受住了环境的考验，顶住了高温高压，保证了孟巴煤矿的顺利生产。

身在异国难免思亲。尤其是位于通信较为不便利的孟加拉国。乔栓紧回忆，当时要给家里打国际长途必须要走出矿外，到乡镇的一个公用电话亭。因为只有两三部电话，每次使用都要排队。尤其到了中秋、春节这种传统节日，都要排上几个小时的队，才能听一听家人的声音。

尽管乡愁绵延不绝，尽管两年后第一次回国激动得流泪，当假期结束，领导询问工友们是否愿意继续返回孟加拉国工作时，乔栓紧考虑到当地技术缺乏和自己对环境、机器的熟悉，依然决定重返孟加拉国。

驻扎，从“零”到“一千万”

孟巴煤矿地质、水文条件异常复杂，属于“三高两危”型矿井，即高温、高湿、高水量，煤层自燃、冲击地压危害。一方面，该地区井下湿度为百分之百，地下涌水量高，一旦破坏隔水层，导通含水层，则会发生地下涌水，涌出量可能高达每小时 2 300 立方米，危险性极高；另一方面，该地区又存在严重的热害问题，在煤炭分层开采过程中极易自然发火。都说“水火无情”，孟巴煤矿就同时面临着这两个问题。不仅如此，孟巴煤矿在开采的过程中还伴随着冲击地压危害的隐患，属于多种灾害并存的开采环境。除自然环境外，孟加拉国的电网不稳定、供电量不足,经常会突发停电,这也极大地提升了开采的风险。面对这样困难的条件,不仅技术欠缺的孟加拉国束手无策,连带着先进技术来到 PB 的英国监理也望而却步。

然而,中国的团队却把“不可能”变成了“可能”:徐矿集团孟巴项目部与中国矿业大学联合将理论与实践紧密结合,开展技术攻关,围绕优化生产布局、井下防治水、电网安全、防灭火、冲击地压防治等重点课题开展研究,并结合研究结论与成果对煤矿进行修整:先后进行供电、主运煤系统、水文地质钻探勘测、通防监测工程改造,同时投入使用新型综放设备,使得 1110 工作面虽经层层磨难最终克服了国内外罕见的技术难题并成功启封。

2014 年 5 月,孟巴煤矿突发地下涌水。1205 工作面被迫停产长达 100 天。国内专家、徐矿集团与全体工友共同努力,苦战攻关,仅用了 4 个月的时间就抢建出了 1212 工作面,恢复了矿井生产。1214 工作面通过张裂带期间,乔栓紧与郝允勇一同蹲在支架前奋战 6 个小时,清理水炭;20 多天的时间里,乔栓紧与工友们冒着酷烈高温与大量涌水,封堵抢修,吃住在工区,没有睡过一个整觉,保证了生产进度与生产安全。面对艰险的开采环境,英国监理曾经评估孟巴煤矿地质环境过于复杂,无法生产。但是在徐矿集团与中国矿业大学的联合技术攻关以及乔栓紧和所有中国工人的勠力攻坚之下,孟巴煤矿已经顺利开采了 17 年,使孟加拉国结束了煤炭严重依赖进口的尴尬现状,第一次用上了本国煤炭。截至 2019 年,孟巴煤矿已累计为孟加拉国生产煤炭 1 000 余万吨,供应电站累计发电 135 亿千瓦时。英国监理曾说:“这座煤矿只有中国人才能开采。如果离开中国人的技术和管理,结果无法想象。”从孟巴煤矿排除万难取得的成果来看,这样的赞誉实至名归。

壮大,不止矿厂电站

距离带来的不止思念,更是日常生活的不便与紧急时的无助,甚至崩溃绝望:孟巴项目部机电工区党支部书记朱建国在父亲重病术后尚未脱离危险之时,为了生产顺利进行,只能抛下万般牵挂,奔赴他乡开展生产。而父亲却病情恶化,撒手人寰。妻子和工友们担心他在井下的安全,共同隐瞒了这个消息。而当他时隔一年半再次回国想和父亲一诉衷肠时,家中却只有父亲的遗像……2015 年 4 月,孟巴煤矿综采一区郝允勇班长母亲重病危,他却因人在他乡、无法立即

孟加拉国巴拉普库利亚煤矿包产三期合同签约仪式

回国而没能见到母亲最后一面。运输工区皮带检修班长陈文庆，不到两年的时间父亲与长女相继离世，其后母亲病重，虽然最终康复，但手术期间没能回国守候侍奉依旧让他痛心惭愧。生时不能堂前尽孝，死后无法扶柩抬棺，这不是夸张的渲染，而是发生在他们身上的，真实而无奈的场景。

除此之外，不能回国带来的其他不便数不胜数：张田和徐月是孟巴矿项目中担任翻译及商务合作的夫妻。他们本计划于 2015 年结婚，但是因为孟巴三期项目的谈判进展到关键时刻，两人便为了工作延迟了婚期。直至 2017 年 10 月才请假回到徐州举办了婚礼，2018 年才回到徐月的东北老家省亲。2017 年 4 月，徐月突发急性阑尾炎，虽然张田托人驱车数百公里立即把徐月送往了孟加拉国首都的医院，但是医疗技术的缺乏及随时停电的风险依然令人心情紧张。而张田由于工作紧张，根本无法陪伴徐月。自己一个人躺上手术台，徐月的心里汹涌着孤独与无助。乔栓紧奔赴孟巴时儿子正在上小学四年级，如今儿子已经结婚，但乔栓紧依然因为工作没能回国参加儿子的婚礼。

面对这样的特殊情况，为了缓解职工们的乡思，确保职工们在海外的身心健康，孟巴煤矿党组织定期开展关怀慰问活动，积极推行探亲团聚政策，尽最大努力使员工们感受到祖国的温暖。在郝允勇班长得知母亲去世后的第二天，项目部领导便对郝班长进行了慰问与疏导；同时为了他的人身安全，暂不安排他到井下迎头工作。每年矿里的项目部还会统一安排时间、报销路费，组织条件允许的家属赴孟探亲，与职工团聚，职工生日时也及时慰问庆祝。同时，单位还注意加强与孟加拉国内政部、警察总局、特别安全局、移民局等部门的沟通协商，以确保职工们的人身安全、出行顺利和生活便利。员工生活区域内设有专门的娱乐室，为职工们提供乒乓球台、健身器材、棋牌桌、卡拉 OK 等运动休闲器材，尽最大努力提高员工生活质量。“有一件很幸福的事就是榴莲可以随便吃。”乔栓紧笑着说。

长期的异乡生活远离了亲人，却在一定程度上拉近了与当地人的距离。随着孟巴煤矿的不断发展壮大，中国人与当地的孟工建立了深厚的友谊。当地孟工以来矿上工作为荣，甚至出现了“一岗难求”的情况。有些相熟的孟工结婚，也会邀请中国工人参加婚礼。甚至在中国工人对孟工指导教学的过程中，产生了一种独特的语言——一种中文加英文加孟加拉文的“孟巴专属”沟通方式。与当地人的交流也缓解了我国工人异乡漂泊的孤独。

中孟两国的友谊与中国对孟加拉国建设的帮助是分不开的。孟巴煤矿矿长法兹鲁尔曾感激地说：“中国朋友是在真心地帮助我们。”许多和乔栓紧一样的中国工人远赴孟加拉国建造矿场电站，改变了巴拉普库利亚周边的产业结构，也带动了孟加拉国经济的发展。作为孟加拉国史上首个也是至 2021 年为止唯一的煤矿，不仅在近二十年的时间里累计为孟加拉国生产煤炭一千余万吨，供应电厂发电 135 亿千瓦时，还有着更广泛而深远的意义：在孟巴煤矿落成前，孟加拉国煤炭资源严重依赖进口。发电资源上的限制导致了用电紧张：大部分百姓夜晚很少能用上电，一天还要经历多次停电。孟巴煤矿的运行改变了孟加拉国的能源结构，使孟加拉国摆脱了从印度进口大量煤炭的限制，累计为孟加拉国节省外汇超过 20 亿美元；让孟加拉国人第一次用上了本国的煤，进而结合燃煤电站，解决了孟加拉国西北部用电紧张的问题，使周边城市家家户户都能用电；更好地推动了孟加拉国工业的发展和产业升级，拉动了国家经济增长。

在授人以鱼的同时，徐矿团队还授人以渔，注重对当地工人的培训，将近千名零基础的农民培养成了孟加拉国第一代煤矿产业工人，使 5 000 余名孟加拉国工人因煤矿开采获得工作机会，10 000 多名周边村民、手工业者及多家生活用品商店、小商品市场、菜市场、小学校从中受益。可以说，孟巴煤矿改变了当地人的生活方式和生活质量，甚至改变了周边的城市面貌。据当地厨师回忆，煤矿与电站建立之前，当地使用柴油发电灌溉，价格高，污染重，耗时费力。而如今用电价格便宜了约 20%，手机遥控即可灌溉。32 岁的当地矿工哈依兹也很感激煤矿不仅为他提供了工作，更提供了在当地较高的收入，让他有能力盖起砖房，供应三个孩子上学。正如一位名叫库瓦尔的孟加拉国工人所说：“孟巴煤矿为千百万人送去了光明，不仅给我们带来了财富，也带来了荣誉。”孟加拉国总理哈西娜

孟巴项目部部分工作人员合影

也曾在政府年会中，对孟巴煤矿的突出贡献给予了高度赞誉。

作为中国企业通过卖方信贷以交钥匙方式在海外总承包的第一座煤矿工程，中国煤炭“走出去”交钥匙的第一单，孟巴煤矿已成功履行了三期包产合同，合同金额累计 8.5 亿美金，是迄今为止我国最大的海外承包运营煤矿项目，不仅使徐矿集团开始逐步从零散的劳务技术输出向矿井整体托管升级，打造了“一带一路”标杆企业，更让中国采煤技术在“一带一路”共建国家打响了品牌。

徐矿领导集体：

矿大与大矿的共育，学风与家风的共融

“忠诚、坚守、奋斗、担当、情怀”，当精练有力的徐矿精神，与“自强不息，艰苦奋斗，追求卓越”的矿大精神相遇，培育出一大批优秀坚韧的领导者，他们领航徐矿在时代风浪中转型搏击，谱就一首“家文化”的温暖颂歌。

“家是最小国，国是最大家”。中国传统文化中的“国之本在家，家之本在身”“厚人而同厚家，厚家而同厚国”，在今日的徐矿集团得到了完美传承。强企报国、造福职工是徐矿现任领导集体的价值追求，随着企业转型的发展和升级，随着“家文化”的确立和提升，徐矿家文化愈加规范化、系统化，力图实现“实力强、职工富、形象好”的“家的愿景”以及“把企业效益实现好、把职工利益维护好、把社会责任履行好”的“家的使命”。

徐矿集团鼎力打造“红色之家”。在徐矿集团 140 年的发展历程中，红色基因始终是徐矿文化最闪耀的底色，是徐矿精神最厚重的积淀。建设“红色之家”，就要坚持党的领导、坚持依靠职工，不断发扬“与时俱进的爱国情怀、砥砺前行的奋斗情怀、大爱无疆的奉献情怀、敢为人先的创新情怀、以人为本的为民情怀”。

在华美热电公司的办公楼，一进门就能看到习近平总书记的讲话要求：“坚持党的领导，加强党的建设，是我国国有企业的光荣传统，是国有企业的‘根’和‘魂’，是我国国有企业的独特优势。”这是习近平总书记在 2016 年全国国有企业

党的建设工作会议上提出的要求，"对党忠诚、勇于创新、治企有方、兴企有为、清正廉洁"，为徐矿指引了发展方向。"习近平总书记的语录时刻提醒我们不忘初心、牢记使命，激励着我们坚定产业领导、坚定产业报国，坚定为民情怀，在新时代创造一个新的辉煌。"华美热电的张部长代表党员干部们，表达了迎难而上、开拓进取，开创企业发展新局面的决心。在华美热电党员活动室的墙上，详细梳理了党的光辉历程、党史学习教育重点、党委"五力"党建，"把党的政治优势转化为发展引领力，把党的队伍优势转化为发展战斗力，把党的组织优势转化为发展治理力，把党的群众优势转化为发展凝聚力，把党的文化优势转化为发展影响力"。徐矿集团的"红色之家"建设，正在推动各级党组织成为发展新徐矿的可靠力量。

徐矿集团全力筑造"奋斗之家"。"特别能吃苦、特别能战斗、特别能奉献"，从来都是徐矿人无可撼动的奋斗姿态，在徐矿集团的转型升级道路上，激发创新活力，燃起创业斗志，成为"奋斗之家"的新特色。

远在边疆的天山脚下，俄霍布拉克煤矿的徐矿创业勇士们坚守于此，喝雪水、睡羊圈，从零开始，历尽万难，为荒滩戈壁建造出一片绿洲，为资源困境中的徐矿开辟出豁然新局。"讲大局、讲责任、讲规矩"是矿工们奋斗不息的准则；"忠诚心、事业心、进取心、感恩心、敬畏心"是徐矿人产业兴邦的信念；"百年徐矿，业兴家旺，天山俄矿，蒸蒸日上"是天山矿业沉甸甸的家国情怀。

天山矿业的雕塑

徐矿集团致力塑造“幸福之家”。构建职工与企业命运共同体,是徐矿集团家文化建设得以深入人心的重要因素之一。“以关爱凝聚人心,用真情营造和谐”,无论在徐矿集团总部,还是在遍及五湖四海的分公司、子公司,徐矿职工的幸福感、归属感、认同感洋溢在每一张幸福满足的笑脸上。华美热电的职工之家、阅览室,展示着员工丰富多彩的业余生活;天山矿业的活动中心,设有篮球馆、健身房、电影放映厅,将园区改造为充满活力的世外桃源;威拉里新材料公司的心愿墙上,“愿生活美满”“愿家人身体健康”“愿今年签大单”等美好祝愿,见证着职工与威拉里携手并进的逐梦历程。

华美热电公司的阅览室

“让全体徐矿人都能过上好日子”是徐矿大家庭的使命感,也是徐矿集团每一位领导干部的信念感。在“稳岗位、增收入、提待遇”的总体要求下,徐矿集团稳妥实施煤炭去产能,妥善安置职工,通过发展服务外包产业,增加就业岗位,真正实现“关井不走人”;自 2017 年开始,徐矿职工收入一路增长,2017 年增长 35%,2018 年增长 15%,2019 年增长 15%,2020 年增长 8%,四年里实现职工收入翻番;设立 100 万专项资金,帮助特困户实现脱贫,提高低收入人员就医报销比例,开展金秋助学活动资助困难职工子女上学……除此之外,徐矿集团坚持每年兴办 10 件民生实事,以 2021 年为例,这 10 件实事涉及生产、生活的各个方面,全方位改善民生:

华美热电公司职工之家

天山矿业公司的健身房

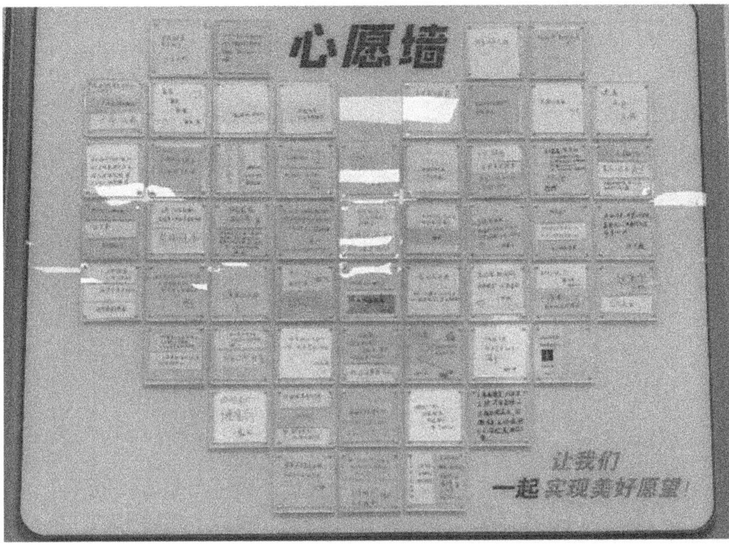

威拉里新材料公司的心愿墙

1. 把安全作为职工最大的福祉,全面推行"意识+责任+标准化"安全管理体系,年度内安全投入不低于5亿元,提升职工生命安全保障能力。

2. 持续提升企业经营质量,在经济效益增长的基础上,同步提高职工收入。

3. 加快煤矿"四化"建设,降低职工劳动强度,改善职工工作环境,年度内投入不低于3.6亿元。

4. 组织开展系列活动,热烈庆祝建党100周年,丰富职工精神文化生活。

5. 优化健康体检套餐项目,实现在岗职工全覆盖,体检结果实现电子化存档。

6. 为全体在岗职工发放生日蛋糕,提高职工幸福感。

7. 根据职工工资增长情况,提高职工煤炭事业荣誉金发放标准。

8. 优化职工异地就医费用报销、企业补充医疗保险二次报销流程,完善职工未成年子女医疗费全年报销制度。

9. 实施扶贫脱困长效机制,年度内安排1 000万元开展困难职工生活帮助、定期救助、大病救助、金秋助学等活动。

10. 新入职职工购买华美建投集团开发的商品房,同等条件下优先购买。[①]

五年来,徐矿职工的工作条件明显改善,生活幸福感大幅提升,同样,每一位

① 沈和:《百年徐矿:新发展理念的实践标杆》,中共中央党校出版社2021年版,第134-135页。

徐矿人都受到徐矿精神的浸染。疫情期间，心怀大爱的徐矿集团积极投身抗疫工作，2020 年年初，新冠疫情突如其来，徐矿 29 名医护人员第一时间奔赴武汉抗疫一线；徐矿集团下属 4 家医院主动申请作为徐州市疫情防控定点医疗单位；持续抗疫期间，徐矿集团全力以赴，保煤、保电、保暖、保数据、保民生，为地方发展和能源安全提供保障。

徐矿总医院医疗队抗疫出征

把职工当家人、视职工如亲人、让职工当主人，坚信“企业只有把职工放在心上，职工才会把企业放在心上”，以“百年徐矿、业兴家旺”为主题大力加强“家文化”建设，兴家业、厚家底、惠家人，同心共建共维共享徐矿美好大家庭，四万徐矿人护家的责任感、建家的成就感、兴家的使命感被深度激活。徐矿集团在党的领导下冲破险阻，在家文化的浸润下齐心聚力，2023 年，徐矿荣获全国煤炭工业先进集体，苏能股份首次公开发行 A 股上市，“资源枯竭型矿区转型发展创新技术与模式示范项目”获评第七届中国工业大奖……徐矿集体以对党的绝对忠诚，奏响了一曲高质量发展的凯歌。

科技创新篇：
好学力行，追求卓越

“科技自立自强是国家强盛之基、安全之要。我们必须完整、准确、全面贯彻新发展理念，深入实施创新驱动发展战略，把科技的命脉牢牢掌握在自己手中，在科技自立自强上取得更大进展，不断提升我国发展独立性、自主性、安全性，催生更多新技术新产业，开辟经济发展的新领域新赛道，形成国际竞争新优势。”

——2022年6月28日习近平总书记在湖北省武汉市考察时的讲话

绿色闭坑,
还城市一片碧水蓝天

在江苏九里湖国家湿地公园里,有一座双面石壁。面朝公园大门的一面,是细细雕琢的湖光美景;石壁背面,是一幅生动的矿工开掘图,手持锄头的工人、呼啸而过的卡车、吊塔林立的城市天际线……展现出此地尚是煤矿时的景象。石壁上还镌刻了作家田秉锷所作的《九里湖赋》,记录了沧海桑田般的今昔之变:

"彭城北行,越九里山,抵九里湖,天境一开,水光潋滟,烟柳蒹葭,曲岸雕栏;虽驱车兮观花,犹信步兮周觅,叹四时之新美,固万姓之乐园。于是顾望反侧,遥想当年。泥沼幽幽,水潦漫漫,野径盘纡,蚊蝇哓喧;历舟车之畏途,触黎庶之茅檐;被冬雪而暂洁,沐春风而无妍。盛世治水,佳节庆典,观浮舟兮荡影,慕鸣珮兮采莲;惊波平兮鱼跃,幸金聚兮民安。"

和习近平总书记亲自到访的潘安湖一样,这里也是经"绿色闭坑"技术改造后重焕生机的采煤塌陷地。2022 年的"十一"假期,周围的居民观湖赏景、阖家出游,曾经脏乱衰败的煤矿旧址,现在随处可见玩耍嬉戏的孩子、乘凉的老人,以及与矿工雕像合影的游客们。

开发能源,助力地方经济建设的徐矿人,又为徐州贡献了一张生态文明建设的闪亮名片。

九里湖湿地公园石壁正面的“九里湖胜景”

九里湖湿地公园石壁背面的“九里湖昔年”

百年国企的绿色转型

九里湖的所在地，原为徐矿集团庞庄煤矿。2015 年，这家距离徐州市区最近的大型煤矿资源枯竭即将闭坑，人员输送和生态修复成为徐矿集团亟须解决的难题。

这一时期国家宏观政策正在调整，2014 年初中国煤炭工业协会发布的年度报告显示：全国煤炭产量和煤炭消费都降到 21 世纪以来低点，煤炭企业经营困难加剧。徐矿作为百年老矿同样面临着“危”与“机”。

站在九里湖边，清晰可见华美热电公司高耸的冷却塔，蓝白相间的建筑和碧波绿水交相呼应，形成一种技术时代的别样浪漫。庞庄煤矿关闭后，办公区改建为华美热电公司。据华美热电的张书记说，华美热电的很多工人都来自庞庄煤矿，从井下到地面，再到参与能源转型，他们是徐矿“由黑到白，由白到绿”的亲历者。虽然工作单位从煤矿变为电厂，但华美热电公司坚持以人为本，根据职工的专业素养合理安排岗位，曾经从事机电工作的工人继续奋战在电厂一线，与电业不相关的工种，可以前往徐矿异地开采的矿区，也可以入职后勤部门，最大限度地解决产业转型过程中的职工安置问题。“因为有了九里湖，我们也在打造花园式工厂，职工的幸福感、获得感明显提升。”提起与华美热电相伴生的九里湖，张书记对“绿色闭坑”技术的应用效果赞不绝口。

早在 2008 年，为了振兴徐州老工业基地，中国矿业大学与徐州市以及徐矿集团共商实施徐州矿区塌陷地综合治理与生态修复工程，并委托“中德能源与矿区生态环境研究中心”进行规划论证。“中德中心”依托中国矿业大学组建，徐州矿务集团是代表中方的重要理事单位，德方理事单位包括杜伊斯堡-埃森大学、多特蒙德大学、波鸿工业技术大学等高校科研单位。2009 年 1 月温家宝总理访问德国期间，在中德两国总理的见证下，江苏省人民政府与德国北莱恩-威斯特法伦州共同签署了共建徐州生态示范区的框架协议，“中德中心”正是协议的三项主要内容之一。① 这不仅加速了“校、地、企”三方的合作步伐，也引入德国鲁尔矿区的转型发展经验，为徐州盘活采煤塌陷地、实现资源再生、推进生态修复提供了参考。

---

① 《中国矿业大学史(1909—2009)》，中国矿业大学出版社 2009 年版，第 518 页。

“绿水青山就是金山银山”，徐矿集团真正将之作为发展导向，遵循“节地减沉、生态治理、征复并举、有序推进”的原则，大刀阔斧地进行生态修复。经过科学规划，徐矿集团将塌陷区治理与路网体系、美丽乡村建设相结合，因地制宜地制定治理之法，对于已经塌陷的地方，用煤矸石深埋填充，然后复垦治理为农田；对于高潜水位的中度塌陷区，则选择“挖深垫浅法”，形成上粮下渔的生产格局。

“宜水则水，宜景则景”，像将庞庄煤矿塌陷区改建为九里湖湿地公园一样，徐矿将原权台矿和旗山矿的塌陷地改造为潘安湖，并与徐州市贾汪区政府合作，围绕湖景建起生态文化特色小镇；张双楼煤矿采煤塌陷沉降形成的安国湖，也作为徐州市沛县生态文明建设重点打造的惠民工程，“十里芦苇荡、百果花园岛、千亩荷花塘、万鸟栖候区”，实现了水资源综合利用和文化旅游的深度融合。

安国湖湿地

截至 2021 年底，徐矿集团对采煤塌陷地治理的资金投入已达 19.9 亿元，治理面积达 22.4 万亩。

陈忠胜：“绿色闭坑”的引路人

提起“绿色闭坑”第一人，非陈忠胜莫属。

这位矿大学子在徐矿挥洒青春，硕果累累，一路奋斗为徐矿集团的总工程师。在 2021 年，陈忠胜退休的前一年，他在第八次全国煤炭科技大会上获评“煤炭工业突出贡献总工程师”，这代表着一位矿业人的最高成就。

陈忠胜是 1981 年考入矿大的，那时的矿大还叫中国矿业学院。陈忠胜在地质系勤恳学习了四年，80 年代的大学毕业生还由国家分配工作，成绩优异又身为党员的他,受到多家单位的青睐,但是陈忠胜只有一个心愿:“学校我可以不留,研究院我也可以不去,只要能让我留到江苏就行。”作为家中独子,孝顺的陈忠胜坚定地想要离家近一点,照顾父母,建设家乡,就是他投身煤炭事业的最初动力。

“徐矿给了我平台,矿大给了我方向。”提起矿大与徐矿的栽培,陈忠胜颇为动容。

1985年,陈忠胜如愿入职徐州矿务局张集煤矿,从地质测量科的一名普通技术员,逐渐成长为徐矿集团生产技术部的副部长。加入徐矿二十年后,已是高工的陈忠胜依旧没有放弃学习,他再次回到母校,在中国矿业大学地质资源与地球科学学院攻读工学硕士学位。“生命不息,学习不止”的终身学习理念,让陈忠胜始终对前沿技术保持热切关注。

所以在新世纪的第一个十年,陈忠胜关注到学界、业界对“绿色开采”技术的攻关热情与现实需求,长期负责生产技术管理工作所形成的职业敏感度,让他意识到想要实现煤炭行业的“绿色”转变,不能仅仅聚焦“开采”,也要考虑“闭坑”,首尾呼应,真正做到煤炭行业全流程的可持续发展。

2010年,陈忠胜首创“绿色闭坑”概念,并在由江苏省煤炭学会、江苏省煤炭工业协会、中国矿业大学联合主办的学术期刊《能源技术与管理》上发文《关于矿区“绿色闭坑”的几点探讨》,提出“随着地下资源逐步枯竭,采矿权人应依据相关的法律规定和技术标准,对矿区开采所造成的事故隐患和对土地、生态、地下水等造成的负面影响进行综合整治,达到消除事故隐患、改善生态环境,适应当地经济发展和人民生活要求的目的。”①

当时徐州贾汪矿区的煤炭储量不断降低,矿区内大大小小的100多个矿井,大部分相继关闭。但是小煤矿关闭后,废弃的地下矿洞与徐矿仍在生产的矿井相通,存在很多安全隐患。“所以最初的出发点是想解决安全问题,然后向环保、安全、技能、可持续发展的复合方向不断推进,这也不单单是我们几个人做出来的,实际上还是沿着我们集团绿色发展的路子前进。”对于这一创新,陈忠胜十分谦虚,在他看来,“徐矿集团给了我这个平台,如果没有徐矿集团,我啥也做不出来。”这是2006年陈忠胜获评徐矿集团特殊贡献奖时的感言,时至今日,忠诚、坚守与感恩依旧是他面对事业、面对生活的基调。

经过多年的实践探索,针对14座煤矿关闭阶段的系统研究,陈忠胜带领团

① 陈忠胜:《关于矿区“绿色闭坑”的几点探讨》,《能源技术与管理》2010第1期。

队形成 4 个研究领域、6 个系列、21 项有关矿井“绿色闭坑”的关键技术，实现了“变水害为水源，变热害为热能”的技术跃迁。2019 年，徐矿集团结合矿井群优势提出的徐州城市供水应急水源地综合建设方案迎来了中国煤炭工业协会的鉴定，吴强院士、王向明院士给予方案极高评价，将技术成果定位为“国际领先水平”。陈忠胜团队的矿大校友何也博士，还作为主要成员参与了国家矿井闭坑标准的制订。“绿色闭坑”技术不仅惠及徐州矿区，也引领了全国煤炭行业的绿色发展，在 2017 年以来的“去产能”趋势下，全国各地的煤矿在关闭矿井过程中，纷纷前来问询取经。

“绿色闭坑”技术的开创性令人振奋，“绿色闭坑”第一人的人格胸襟同样感人至深。访谈结束时，陈忠胜特别叮嘱：“怎样表扬徐矿集团近年的成绩，都是应当的，但是千万不要夸大我的功劳。”此时，陈忠胜刚刚退休，无论取得何种荣耀，他始终是那个心怀赤诚、勤勉与谦逊的矿大学子。

修身至诚，
做矿工的安全守护神

在徐矿的调研访谈中，听到最多的一个词，就是“安全”。

无论是搭建国家能源深井安全开采及灾害防治重点实验室、江苏省煤矿冲击地压防治工程技术研究中心等科研平台，还是打造“意识＋责任＋标准化”的特色安全管理体系，以人为本、安全为先的准则牢牢扎根于每位徐矿人心中。

“意识＋责任＋标准化”：强化本质安全，坚守安全底线

2020年4月，习近平总书记对安全生产作出重要指示强调：“生命重于泰山……务必把安全生产摆到重要位置，树牢安全发展理念，绝不能只重发展不顾安全，更不能将其视作无关痛痒的事。”

徐矿集团认真贯彻落实指示精神，树立了“发展绝不能以牺牲人的生命为代价”的红线意识。各矿区时常可以看到安全宣传展示架，在广场、会议室、活动室、矿井的上下口……图文并茂的文化展板，建构起一个个深入矿工生活的安全宣传阵地。厂区内的广播播报、电视显示屏，新媒体领域的微信公众号、学习教育平台，都成为徐矿人潜移默化地浸润安全理念的有效途径。

“意识＋责任＋标准化”，就是深入实践后总结出的徐矿经验，其中安全意识是灵魂，落实责任是关键，严格标准是方法。

徐矿集团产业分布于天南海北，甚至还包括远在孟加拉国的巴拉普库利亚矿，不仅地域跨度大，而且业务种类多，安全管理难度很大。为了将本质安全落到实处，徐矿集团提出要提升“三种意识”，即提升全体员工的政治意识、安全意识、责任意识，确保“人人想安全”；落实“三个责任”，即压实分级管理责任、全员岗位责任、考核评价责任，确保“层层讲安全”；健全“三大标准”，即健全安全管理标准、科技保安标准、素质提升标准，确保“处处能安全”。

2022 年的“全国五一劳动奖章”获得者刘磊，此前就在华美热电公司安监部担任安全监察员。她曾参与完善华美热电安全生产实施方案、管理制度十四篇，参与完成宽负荷超低排放 350 MW 超临界循环流化床锅炉应用技术研究、炉前给煤系统防堵塞、脱硫及脱硝耦合技术研究等重要技术改造项目十余项，积累了丰富的安全管理经验。

华美热电公司在 2020 年开始了“安全生产专项整治三年行动”，由华美热电董事长、党委书记，总经理牵头做组长，从根本上消除事故隐患、坚决遏制安全事故发生，全面提升本质安全水平。三年来，华美热电上下一心，全面展开学习教育，保障安全管理机构和人员配备，加强危险作业安全管理，及时总结推广先进典型经验，大力推动安全生产主体责任落实落地，安全管理效果不断提升。

现在，刘磊已调任到徐矿集团的江苏省能源投资有限公司，正在参与徐矿集团新一轮的安全制度修订。“工作的变化，主要是站位的转变，是从‘小安全’到‘大安全’的提升。”来到新岗位，勤学善思的刘磊已积累了诸多心得。“在分公司时，我们是以集团公司、龙头公司下发的文件为基准，做好职责范围内的事。但是现在不一样了，既要熟悉集团公司的管理模式、实践情况，更要关注国家、省里、行业内的制度演变，需要学习的东西更多了，责任更重了。原来我们是在‘一’的基础上，想办法细化、具化，实现大于‘一’。但现在，我们要制订的就是这个‘一’，一份作为参考文献的文件。”

刘磊再一次发挥着超强的学习能力，有了华美热电公司一线岗位的工作积淀，她对于安全生产方面的设备指标、运行参数了如指掌。对于一些新项目，刘磊也保持着初心和好奇，比如徐矿集团正在大力发展的光伏新能源项目，她经常到现场调研学习；徐矿正在内蒙古乌拉盖加紧建设的电力项目，也让她不断打开视野。遇到难题，她一如既往地刻苦钻研，书中没有的，就上网问百度；百度没有的，就给当地同事打电话请教。

“现在国家的安全生产法也在转变,比如特种设备、检修设备的相关制度都有变化,我们也要跟着国家的规范去修改。”刘磊表示,面对新变化,徐矿集团紧跟时代,积极转变,坚持在“意识+责任+标准化”的基础上,不断促进习近平总书记指示精神在徐矿的落地生根。

江苏省能源投资有限公司董事长钟文强也致力于在公司内抓住安全核心,强化安全意识、细化安全准则,“想要将‘责任+意识+标准化’体系建设落到实处,就要坚持党管安全,守牢安全‘生命线’,牵住责任落实‘牛鼻子’,种好安全管理‘责任田’,做到认识到位、责任到位、规范到位、制度到位、考核到位,把‘安全第一、预防为主、综合治理’融入安全管理的方方面面,放在高于一切、重于一切、先于一切的位置抓实、抓牢、抓细。”

在“意识+责任+标准化”体系下,徐矿集团安全生产形势持续稳定,2021年实现了全集团、全区域、全产业链的安全生产。

冲击地压防治:打造科研平台,深化安全治理

2020年到2021年,中国矿业大学出版社相继出版了两本专著:《千米深井冲击地压防控技术——以张双楼煤矿为例》《徐州矿区深井开采冲击地压机理与防控成套技术》,专著由徐矿集团张双楼煤矿的矿长张雷和该矿防冲技术骨干们共同编写,将张双楼冲击地压防治工作的实践经验,体系化、理论化地升华为行业经验。其中,《徐州矿区深井开采冲击地压机理与防控成套技术》是张雷与母校中国矿业大学的又一次合作,他与矿大资源与地球科学学院副教授贺虎合著的这本著作,也是贺虎所主持的国家自然科学基金面上项目“真三轴动静组合应力路径下煤体损伤效应与冲击失稳前兆信息研究”的研究成果之一。

冲击地压还有一个很形象的名字,叫“岩爆”,是一种煤矿井巷或工作面周围的煤体和岩体,由于弹性变形能的瞬间释放,而产生突然、剧烈破坏的动力现象,相伴随的还有煤体瞬间位移、抛出、巨响及气浪等现象,对煤矿生产以及矿工安全造成极大威胁。

冲击地压,可以说是张双楼矿发展道路上的最大阻碍。随着张双楼煤矿的开采深度越来越大,局部地质构造复杂,煤层具有冲击倾向性,加之历史上局部采掘布置不合理,是徐矿集团典型的冲击地压矿井。2009年,改扩建后的张双楼核定生产能力已达225万吨/年,但因冲击地压致灾因素影响,矿井生产能力

之后核减到 180 万吨/年。作为江苏省内唯一仍旧投产运营的煤矿，张双楼不仅是徐矿集团的金字招牌，也是省内能源供应的重要保障。

在冲击地压防治研究方面，张双楼煤矿与中国矿业大学一直保持着紧密联系。2020 年徐矿集团获批建立“江苏省煤矿冲击地压防治工程技术研究中心”，依托张双楼煤矿管理运行，中国矿业大学煤炭资源与安全开采国家重点实验室窦林名教授及其团队成为研究中心校企合作的重要力量，在主被动双源震动波一体化、应力场检测系统冲击地压、多参量综合预警云平台等领域展开科研合作。

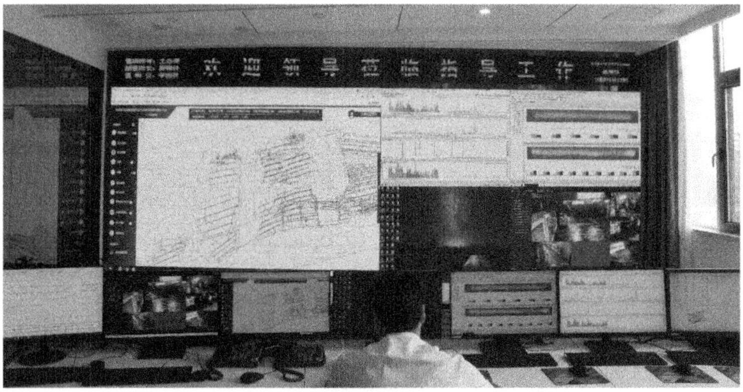

应用冲击矿压风险智能辨识与多参量监测预警云平台

双方合作的“孟加拉国巴拉普库利亚矿强富水含水层下特厚煤层安全高效开采关键技术”获评“中国煤炭工业科学技术奖特等奖”；与矿大校友陈清华副总经理合作的“冲击地压风险智能判识与多参量综合监测预警云平台建设研究”获评“国家‘十三五’科技重点研发计划项目”；与李剑锋副总经理合作的“煤与瓦斯突出矿井深部动力灾害一体化预测与防治关键技术”获评“国家科学技术进步奖二等奖”。

矿大校友牵头，矿大团队合作，在冲击地压防治中心申报建设时期，张双楼防冲管理科的年轻科长，是同样来自矿大的硕士毕业生曹远威。

2015 年，曹远威从中国矿业大学采矿工程专业毕业，来到张双楼煤矿一线轮岗实习。谈起第一次坐大巴车到矿报到的场景，曹远威笑着表示“说不失落肯定是假的，煤矿这个行业苦累脏险，又在远离城市的村镇周围，当时来的路上，觉得就要和城市的繁华告别了”。同届一起入职张双楼煤矿的几位同学，都先后离开了，只有曹远威留了下来。“我想着既然从事采矿专业，肯定要到基层锻炼，不管有多困难,一定要坚定信心,总不能遇到一点困难就退缩吧,如果干这个工作有困难退缩了,那么之后干其他工作可能也会退缩的。”凭着这样的毅力与决心,曹远威每天清晨 5 点起床,6 点开会,一直忙到天黑,晚上 8 点开过碰头会,再处理完软件资料才能下班。

曹远威还主动选择到最艰苦的采掘一线锻炼自己,“干一行必须懂一行”是他对自己的基本要求。在曹远威看来,仅仅掌握一套理论知识远远不够,只有深入一线,才可以真正掌握安全生产的管控重点、劳动组织方式、生产工艺形式以及设备运行维护等一系列知识。于是他与一线的工人同上同下,想在一起、干在一起,风雨同舟、同甘共苦。“实习这一年,是我身心最为劳累的一年,但也是最踏实的一年。”谈起充实的实习生活,曹远威感叹正是这段经历,让他对协调组织生产、统筹安排工序、和职工沟通等方面有了第一手经验,“我始终认为这是工作中最宝贵的财富,为我之后走向其它管理岗位打下了坚实基础。”一年后,实习期满的曹远威被提拔为采煤工区技术主管,后又担任了采煤工区副区长、防冲管理科科长,目前担任矿防冲副总工程师,负责全矿冲击地压防治的日常管理、科研创新工作。

曹远威讲解张双楼矿的校企合作成果

2017 年,曹远威从刚毕业的大学生成长为矿井防冲治理工作技术带头人,冲击地压防治工作,成为他事业发展过程中的一个重要阶梯。

经历过一线掘进工作,如何提高作业安全?如何降低职工劳动强度?如何改善作业环境?这些问题萦绕在曹远威心头,也影响着他的工作方向。他迫切地想发挥大学生的理论知识优势,开展技术创新,攻克冲击地压防治难题。

想要解决冲击地压难题，曹远威首先锁定了冲击地压灾害的重要主控因素——坚硬砂岩顶板。在日常采矿活动影响下，坚硬砂岩顶板就像一根竹竿，不断承受压力，容易被压弯甚至断裂。坚硬砂岩顶板崩断瞬间会释放大量能量，这也是动力灾害的产生原因。所以，通过人工干预，让这部分能量实现提前、可控地释放，就是解决这一问题的关键，曹远威协同防冲管理科，潜心制定出深孔预裂爆破方案，有效缓解了 9119、74101 等工作面防冲压力。

张双楼矿引进应用智能煤粉钻屑监测装置

“为了提高爆破封孔效果和施工效率，我们借鉴了瓦斯治理中常采用的灌浆囊袋封孔技术，也就是利用浆液充填封孔段。试验进行两个多月后，我们确定了灌浆囊袋封孔技术的封孔原料，以便保证深孔爆破作业操作更加安全，封孔密闭度也优于传统封孔工艺。”曹远威和同事们的努力没有白费，封孔技术不仅在张双楼煤矿千米采深冲击地压治理过程中应用效果良好，还在业内引发广泛关注，中煤集团大屯煤电公司、陕煤化建庄矿等深受冲击地压灾害困扰的矿井，多次到张双楼学习这种改革升级后的封孔技术。

张双楼的冲击地压防治工作成效显著，2021 年初，根据国家关于进一步加强冲击地压防治工作的要求，张双楼矿再创佳绩，如火如荼地开展冲击地压防治示范矿井建设工作。彼时还是防冲管理科科长的曹远威继续冲在第一线，牵头制定示范建设方案，积极引进新型监测技术，推广应用新型防冲设备。“地音、双震源 CT 探测、煤粉智能监测装备、超前吸能液压支架、让压锚杆等新技术、新设备，在这一时期陆续投入使用。”

2021 年 9 月 14 日,张双楼冲击地压示范矿井顺利通过验收,成为全国冲击地压灾害治理方面的典型。与张双楼共同成长的曹远威,也在逐梦路上稳步前进,到了 2022 年,他已完成创新创效项目 15 项,完成创效金额 200 余万元,先后获评"徐州市青年岗位能手""全国煤矿建功立业优秀大学毕业生""先锋 90 后"等荣誉称号。

锚定前沿，
做“双碳”目标的急先锋

2022年9月24日，中国矿业大学举办了“首届碳中和科学与工程高端论坛暨中国煤炭学会碳中和科学与工程专业委员会成立大会”，邀请院士大咖们相聚线上，共商“双碳”未来。矿大在建设碳中和科学与工程知识体系、推动碳中和科技成果转化应用、保障国家碳中和目标实现和能源安全等方面，展现出能源资源特色一流高校的使命担当。

自从2020年9月中国明确提出“双碳”目标，矿大一直走在行业前列，锐意创新，想国家之所想，急行业之所急。根据国家提出的“三步走”策略，要在2021至2030年实现碳排放达峰，在2032至2045年快速降低碳排放，在2046至2060年深度脱碳实现碳中和，即某个地区在一定时间内人为活动直接和间接排放的二氧化碳，与其通过植树造林等吸收的二氧化碳相互抵消，实现二氧化碳“净零排放”。

当“双碳”成为国民流行语时，“碳达峰”“碳中和”也成为矿大人科研的指南，实践的方向。公共管理学院第一时间召开“双碳视野下的高质量发展·彭城论坛”，商讨新时代发展背景之下的社会建设路径；相继开展的“双碳背景下选煤技术发展方向探讨”“‘双碳’目标与煤炭主体能源变化”等学术报告，为师生指引双碳研究的前沿思考；党的二十大前夕，矿大以“矿区深部零碳负碳技术”工程研究中心，获立教育部工程研究中心建设项目；矿大学子同样向着“双碳”目标拼搏前行，2021 年 9 月中国矿业大学和波兰 AGH 科技大学的学生合作设计了“归一居”零能耗建筑，并在河北张家口建造亮相。这一建筑作品成为 2022 年北京冬奥会期间我国可再生能源示范项目，展示出中国贯彻“双碳”目标的坚定信念与青春希望。

在一系列探索中，矿大助力徐矿集团“江苏省煤炭碳中和工程研究中心”建设，更是“双碳”征途中浓墨重彩的一笔。

2021 年 12 月，经江苏省发改委批准，徐矿集团依托张双楼煤矿管理运行，成立了江苏省煤炭碳中和工程研究中心管理委员会和技术委员会。研究中心的建立，一方面是徐矿集团深入贯彻习近平生态文明思想和能源安全新战略的必经之路，另一方面，也是徐矿集团作为传统能源企业，坚持生态优先、绿色发展的转型之选。

张双楼煤矿成为研究中心的落脚地，并不意外。这家省属国有重点煤矿，1979 年开工，1986 年建成，1990 年移交徐矿集团管理，特别是近年来发展形势喜人：2018 年 12 月通过国家一级安全生产标准化矿井验收；2020 年 6 月建成江苏省煤矿首个智能化综采工作面；2021 年 9 月建成全国冲击地压防治示范矿井；2021 年 10 月通过全国智能化示范矿井验收，成为全国首批、全省首家智能化示范矿井。

此外，张双楼煤矿还收获全国煤炭工业“双十佳”煤矿、全国煤炭系统文明煤矿、国家级绿色矿山、中国最美矿山、煤炭工业特级安全高效矿井、江苏省文明单位等荣誉称号。

稳扎稳打，步步为营的张双楼煤矿不仅实现了“安全系数高、生产效率高、经济效益高、行业影响力高、职工幸福指数高”的目标，也积极投身行业转型的科研前沿，“江苏省煤炭碳中和工程研究中心”就是徐矿集团和张双楼矿审慎规划后，踏出的关键一步。

以“江苏省煤炭碳中和工程研究中心”为载体，徐矿集团大力打造“智能＋N”示范基地，在智能化发展的推动下，开采、洗选、光伏、风电、地热等领域都搭乘着绿色转型的东风喜报频传。

特别是光伏发电项目，在张双楼矿、华美热电公司，以及徐矿遍及大江南北的子公司里，经常可以见到一片片光伏组件，追逐着太阳的东升西落不断变换角度，如同一朵朵金属向日葵，收集光的力量，奉献出绿色发展的光明前景。截至 2022 年 3 月，徐矿集团完成光伏发电项目立项 26 个，规模达到 934 MW；开工建设 7 个，规模为 37.7 MW；建成并网发电 2 个、规模为 5.8 MW；落实 2 个县区的整县制光伏，规模达 400 MW。

张雷矿长与光伏发电组件合影

坐落于张双楼矿的煤炭碳中和工程研究中心，设有减碳开采区、负碳技术区、低碳工程区、捕碳工程区、低碳利用区等。在整洁明亮、充满科技气息的现代化展厅里，一进门就能看到研究中心的 logo：两个“C”对称分布，组成形似“X”的图案。其中，“C”是“Carbon”（碳）的缩写，寓意着“碳达峰”与“碳中和”两个发展目标；“X”则是徐矿集团的拼音首字母，双“C”又形似张双楼煤矿的“双”字；除此之外，墨色到绿色的渐变也寓意着煤炭开采从高耗能向低碳环保的转变。简洁的标志传达出徐矿集团由“黑”向“绿”的涅槃重生。

“江苏省煤炭碳中和工程研究中心”标志

研究中心展区主要用于科普“双碳”领域国内外的前沿知识、展现徐矿集团不断攻克的科技难关与成果转化。展厅里最引人注意的，是精致而完备的井下

TDS 智能分选与绿色填充系统模型。按比例缩小后,主井底煤仓、TDS 回煤皮带、水平矸石仓等设备一一展现在大家面前,动态演绎着矸石不上井的“采——选——充”一体化绿色开采模式。负碳技术区的光伏模型详尽展现了矿井的真实场景,让人对电站、光伏板、储能仓等设备一目了然。

在模型展示区,矿井热能利用和地温热害治理 HEMS 系统演示了矿井对井下热能的开发利用和热害治理,这是徐矿集团与中国矿业大学(北京)合作开发的绿色环保系统,解决了困扰张双楼矿已久的井下热害隐患,也为整个煤炭行业的地热治理提供了宝贵经验。精巧的模型系统中,提升立井里的罐笼正在往返运输,瓦斯测量点时刻关注着瓦斯浓度,综采工作面的煤机不停转动分割着厚厚的煤层……小小的模型,展现出徐矿人与矿大人在行业建设方面的卓越贡献。

江苏省煤炭碳中和工程研究中心内景

徐矿集团与中国矿业大学的合作不止于此,据张双楼矿长张雷统计,2018 年以来,仅张双楼矿就与矿大合作完成科技研发项目 17 项,获得厅局级以上奖励 24 项,其中获中国煤炭工业协会科学技术奖一等奖 2 项、二等奖 1 项、三等奖 4 项;获徐矿集团科学技术一等奖 3 项、二等奖 5 项、三等奖 2 项;获江苏省煤炭学会科学技术奖一等奖 2 项、二等奖 4 项、三等奖 1 项。

在江苏省煤炭碳中和工程研究中心,中国矿业大学副校长卞正富兼任研究中心副主任,中国矿业大学碳中和研究院院长桑树勋兼任研究中心委员。为了拓宽煤矸石综合利用的渠道,矿大与张双楼联合攻关,对张双楼煤矿西翼约 152 亩采煤地进行了煤矸石复垦造地,通过采取煤矸石压实湿润处理法、等厚分层充填等技术,解决了煤矸石压实过程中的技术难题,建立了煤矸石充填复垦质量控制的相对压实度和孔隙比等关键技术指标，走出了一条煤矸石充填复垦造地模式。采煤塌陷地复垦后建成了种植小麦、水稻等作物的高标准农田，可置换建设用地指标，获利 1 200 多万元，同时解决了煤矸石环境污染问题，节省排放费用约 185 万元/年。这一项目成果获得中国煤炭工业协会科技进步二等奖。

采煤塌陷地治理前

采煤塌陷地治理后

“通过与中国矿业大学开展校企合作，能够整合行业内外更多的科技资源，为我矿工程技术人员提供更多学习、交流、思想碰撞的机会和平台，积极探索实施新技术、新工艺、新装备，全方位促进企业技术进步。”正如张双楼煤矿的矿长张雷所言，矿大也在与徐矿的通力合作中，加速了成果转化，奋战在“双碳”前沿，实现着矿大与大矿的相互成就。

智能开采，
再塑行业标杆

2020年3月，为了贯彻党中央国务院关于人工智能的决策部署，煤炭行业积极响应，《关于加快煤矿智能化发展的指导意见》迅速引领了行业方向。煤矿智能化，意味着“要应用物联网、云计算、大数据、人工智能、自动控制、移动互联网、智能装备等与煤炭开发技术与装备进行深度融合，形成全面自主感知、实时高效互联、智能分析决策、自主学习、动态预测预警、精准协同控制的煤矿智能系统，实现矿井地质保障、煤炭开采、巷道掘进、主辅运输、通风、排水、供电、安全保障、洗选运输、生产经营管理等全过程的安全高效智能运行。”①

这份由国家发展改革委、能源局、应急部、煤监局、工信部、财政部、科技部、教育部8部委联合印发的文件，为转型困局中的煤炭企业升起了一颗启明星。

2021年6月，国家能源局、国家矿山安全监察局研究制定《煤矿智能化建设指南(2021年版)》，作为《关于加快煤矿智能化发展的指导意见》的具体指导方案，提出“分类建设、分级达标；因矿施策，培育典型；系统规划，全面推进；以人为本，安全高效”的建设原则。

---

① 王国法：《加快煤矿智能化发展，建设智能＋绿色新煤矿》，《中国煤炭工业》2020年第4期，第9页。

在这一年,提前布局、厚积薄发的徐矿集团凭借超前的发展眼光,已培育出智能化转型的示范单位。2020 年 12 月徐矿集团的张双楼煤矿、天山矿业入选国家能源局、国家煤矿安全监察局首批 71 家智能化示范煤矿建设矿井。2021 年 10 月 25 日,张双楼煤矿作为全国首批、全省首家,顺利通过江苏省发展和改革委员会(能源局)、江苏省应急管理厅组织的全国智能化示范矿井验收。截至 2022 年,徐矿集团先后建成两个全国首批智能化示范矿井和 7 个智能化工作面,进入智能开采新时代。

张双楼矿:江苏省的煤矿智能化先锋

走进张双楼,便能真切感受到“是矿不像矿、产煤不见煤、采煤不用煤”的新型煤炭企业的魅力。张双楼地面生产调度指挥中心的巨幅显示屏上,呈现着实时监测的井下画面、机械化设备的流畅运作以及不断跳动的数字,让坐在调度室的工作人员们,全天候、全方位地掌握井下情况。

张双楼煤矿智能调度控制中心

在 21 世纪初期,省内资源枯竭的情况下,徐矿集团主动“走出去”,以技术输出、异地开发的方式转型蝶变,张双楼矿成了留在省内的唯一“火种”。自从 2018 年 12 月张双楼以 91.63 分顺利通过国家一级安全生产标准化矿井验收,建设智能化矿井成为大家心照不宣的新目标。

张双楼煤矿矿长张雷表示，智能化发展首先要“敢创新，激活力”，为深入贯彻徐矿集团“机械化、自动化、信息化、智能化”建设部署，张双楼矿要围绕“四化”建设开发出“智能化综采工作面、智能化掘进工作面、冲击地压防治、原煤主运输系统和辅助运输系统、固定场所集中控制和无人值守、通防系统、洗运系统、煤矿信息管理网络”等8个重点领域。

作为全国首批71个智能化示范建设矿井之一，张双楼的同事们清醒认识到挑战的严峻、任务的艰巨，这是一次从无到有的开发。“智能化示范管理方面，我们确实付出了很多心血。2019年我来到张双楼时，这里还没有一点智能化的影子，但是国家的趋势已经很明朗，我们必须迎头赶上。”回忆起智能化建设之初的艰难，张雷矿长表现出大矿应有的格局与担当。

张双楼煤矿矿长张雷

调任张双楼矿主持工作之前，张雷已在徐矿集团多个公司任职过。2008年，张雷成为徐矿集团第一位矿长助理，这是一个培养型岗位，需要快速学习矿务技能、全面掌握管理技术，以便接任要职。培养期间，张雷要跟随所有厂长分别学习半年，“经营矿长跟半年，生产矿长跟半年，总工程师跟半年，然后负责洗煤厂建设……所有的岗位我都干了一遍。”2012年，张雷前往徐矿新疆公司，先后担任总工程师、总经理、董事长。一一体验了生产、技术、安全等岗位，又主理过西部矿区的业务后，张雷最大的心愿，就是“要干一个大矿”。

于是，踏实肯干又心怀理想的张雷，提出要“站在徐矿看双楼、站在省内看双楼、站在行业看双楼，勇于打破传统惯性思维，主动对标行业先进企业”。

当时国内并无成形的智能化模式可供借鉴，张雷只能带领领导班子和技术骨干四处学习，足迹踏遍大江南北，山东、陕西，淮南、鄂尔多斯……只要听说哪座煤矿进行了一些智能化尝试，张雷和同事们都要实地调研学习一趟；线上线下的智能化会议，张雷也带头参加研讨。

从“零基础”到“排头兵”，几年的摸爬滚打，时间虽短，任务却重。张双楼矿不仅营造出智能化示范矿井建设的浓郁氛围，也结合自身安全生产接续实际、工艺技术装备、科技项目计划，以及现阶段的资源条件等明确了工作思路。以“安全系数高、生产效率高、经济效益高、行业影响力高、职工幸福指数高”的“五高”智能化矿井建设为导向，以“安全、少人、提效”为目标，提出了“加快智能采煤的技术升级、智能掘进的技术突破、智能辅助的全面实现、智能监控的全面覆盖、智能机器人的探索应用、智能平台的数据构建”等举措。聚焦重点，攻克难点，为矿井智能化建设打造亮点。

在冲击地压防治工作中做出重要贡献的曹远威，此时也被调到智能化建设第一线。曹远威现已成为张双楼矿防冲副总工程师，提起负责冲击地压防治、碳中和中心建设，以及智能化矿井建设的往事，他开玩笑道：“巧了，每换一个岗位，都赶上了矿上的大事。”在智能化建设过程中，曹远威不仅参与了全国首批智能化示范矿井申报，也是对接中国矿业大学的负责人。

为了高效优质地展开智能化建设，张双楼矿委托中国矿业大学提供技术支持。2021 年初与中国矿业大学签订《张双楼智能化示范煤矿建设方案》，矿大编制了《智能化示范矿井顶层设计方案》，并提出按照“1＋3＋N”的模式，即“一张图（‘GIS’）、一张网（万兆环网＋5G）和一朵云（私有云）以及智能采煤、掘进、防冲等‘N’个控制系统，形成了井上下各子系统的全面感知、实时互联、分析决策、自主学习、动态预测、协同控制的智能化顶层设计方案”，为智慧矿山建设按下“快进键”。

张双楼矿还与中国矿业大学围绕智能化开展多项课题合作，其中“厚表土立井井壁环境因素耦合作用破裂机理及综合治理技术研究与应用”“衰老矿区松散含水层下残煤资源回收上限关键技术与应用”两个项目获得了 2021 年度中国煤炭工业科学技术奖一等奖，“煤层群残采条件下强扰动巷道围岩控制技术研究及应用”“千米深井复杂条件工作面智能协调开采技术研究”两个项目获得了三等奖。

工作中的曹远威

此外，矿大科研团队多次参加矿井智能化示范矿井建设推进会，对智能化采煤工作面、智能化掘进工作面、冲击地压防治、原煤主运输系统和辅助运输系统、固定场所集中控制和无人值守、通防系统、透明地质、洗运系统、煤矿信息管理网络等智能化建设重点领域加强研究。

“每一项方案的制定都离不开张双楼与矿大的精诚合作，有时候一个细节要反复交流，多次验证。智能化建设是从理论到实践的过程，需要结合矿上的实际情况具体分析，张双楼与矿大优势互补，才有了智能化目标的圆满实现。”谈起母校与单位的合作，曹远威十分骄傲。

如今张双楼矿已实现井下工作面5G覆盖，地面工作人员远程操控，机器人巡检关键场所……传统煤炭行业脏乱的工作环境，早已被整齐高效的机械设备所代替；在矿工们脸上看到的也不再是劳累疲惫，而是洋溢着的幸福与满足。井下工作“减人、提效、保安”，成为张双楼智能化建设的新标签。

天山矿业：数字赋能，打造智慧矿山

“一定要实现智能化建设走在前列。”

2019年，天山矿业的董事长陈创举下定决心，作为徐矿集团产能最大的矿井，天山俄矿有责任也有能力在智能化建设方面做出表率，为新一轮产能核增搭桥铺路。

为了实现这一目标,天山矿业集体动员,明确节点计划,细化责任分工,每天对智能化进度进行实时通报。铆足劲的天山矿业实现多项突破:

1410 综采工作面运输道长达 4 000 米的顺槽皮带运输系统,成为全疆之最;

5 煤绞车提升机,规模堪称全国之最;

1412 掘进工作面实现了无线视频监视、掘进机本体及二运至迎头视频覆盖;

5106 综放工作面实现了支架电液控操作,工作面跟机视频监视,液压支架跟机自动移架,工作面皮带机、转载机、破碎机、刮板机、煤机在顺槽集控仓及地面调度室集控台"一键启停"……

一项项技术攻坚,一件件智能设备,实现了"矿井综合信息网络化、过程控制自动化、生产管理集约化",2020 年天山矿业公司被列为全国煤矿智能化示范建设矿井。

天山矿业公司智能管控平台

在智能化建设之初,天山矿业也遇到了一些难题,比如新引进的设备虽然技术先进,但是到了井下,难免不适合使用场景,为了解决这些设备的"水土不服",智能化项目组没少花心思:"针对液压支架推移或地形起伏易造成采煤机信息传输延迟的问题,我们将无线通信变为载波通信,终于实现了信息的高速传输;不同厂家生产的设备之间,也会存在'排异反应',需要我们的工作人员重新调整、

气膜混凝土穹顶储煤仓

优化交换机内部模块，让工作面与井下万兆交换机之间的网络连接更加牢靠；另外还有红外摄像头在工作面难以固定的问题，我们的同事就设计了外挂连接装置，有效提升了复杂条件下设备的安全稳定性。”

同时，天山矿业联合中国矿业大学等5家科研院所开启了新一轮技术升级，因地制宜，打造智能化新标杆。在智能化建设方案中，构建了“6＋1＋1”智能化建设模式，即包括“一系列智能化设备”“一张网”“一张图”“一个标准”“一个库”“一个平台”六个子系统和“一个运营管理中心”“一朵云”雏形。

随着合作的不断深入，中国矿业大学严俭祝团队为天山矿业出具“俄矿通风阻力测定报告”，实现矿井通风系统的科学管理，为矿井通风系统调整、优化的实施提供可靠的技术资料。何江团队展开“俄矿煤层群开采矿压规律与巷道围岩控制技术研究”，深入推进煤岩体物理力学性质测试分析、矿压区域性控制的布置优化、多煤层开采矿压监测预警及防控技术等方面的研究。天山俄矿的石开进区长表示，矿大的科研支持为智能化矿山建设奠定技术基础。

实现了智能化开采的天山公司，并没有放松脚步，而是明确了新的努力方向：借助大数据建成智能矿山。“利用遥感影像、数字技术和信息分析给矿山照CT”，为煤矿可视化开采提供了数据基础。掘锚一体机、捡矸机器人、皮带巡检机等先进装备也不断投产，天山矿业又开始挑选“种子选手”，组建“采煤、掘进、机电、通防、水文”等专业学习团队，为智能矿山建设储备充足的人才力量。

天山矿业公司井下综采面

近年，陈创举与党委副书记、总经理唐宇联合主编了《徐矿集团天山矿业公司智能化建设与思考》一书，提出了智能化矿山建设构想，从基层设施、感知控制层、建设综合管控平台、实现矿井安全生产经营的统一管理和智能决策分析等方面，进行了全面诠释。这既是天山公司智能化之路的经验升华，也为其他企业的智能化建设提供实践指南。

全局联动，不断攀登，正是天山矿业智能化建设的不竭动力。

微小粉末，
铸就国之大材

2014 年，徐矿集团产业结构调整，一批青年骨干作为先行者，主动出击，四处突围，在科技升级中寻找企业转型之路，矿大校友蒋保林就是其中一员。

2015 年 6 月 15 日，在徐矿一家废弃的陶瓷厂房里，威拉里新材料科技有限公司诞生了。

满怀憧憬、斗志昂扬的蒋保林，即便已做好创业艰难的心理准备，也不会想到接下来竟然步步坎坷，新生的威拉里将在生死线上苦苦挣扎三年；此刻他更没有想到，七年后，威拉里一跃成为行业翘楚，打破西方技术壁垒，以微小粉末铸就国之重器，以技术创新实现材料报国。

蒋保林：破釜沉舟，坚守创业征程

蒋保林 2002 年考入中国矿业大学化工学院，毕业后加入徐矿，先是在煤化工项目部工作，后又到陕西长青能源化工有限公司任职，参与了徐矿集团在陕西的异地创业，先后从事了 8 年技术工作。

借着徐矿集团调整产业格局的东风，蒋保林的创业梦被点燃了。在他看来，之前的生活稳定、踏实,但难免一成不变。是按部就班地等待升职,还是跳出舒适区挑战自我?慎重考虑后,梦想的召唤占了上风。

最初,蒋保林的创业团队只有两人,两人日夜不辞地赶往全国各地找项目,因为学的都是化工材料专业,便大致拟定主攻新材料方向。当时正值“十三五”起步时期,蒋保林按照国家目录,考虑了石墨烯、芳纶纤维、碳纤维等技术方向,最后选定发展3D打印合金材料。“做出这个选择,也是考虑到3D打印投资规模小。要是想搞碳纤维,没有几个亿、十几个亿是干不了的,当时就想找个成本低的项目先起步。”回忆起最初的选择,蒋保林哈哈一笑,但谦虚的背后是他对家国使命的信念感,彼时此类材料全部依赖进口,国家亟须实现国产替代。在国家政策的大力支持下,蒋保林相信自己的眼光,也相信团队的实力。

威拉里创始人蒋保林

蒋保林将威拉里的发展历程总结为三个阶段。一是2015—2018年的创业期,二是2018—2020年的嬗变期,三是2020年至今的跨越发展期。然而2015年到2018年的创业阶段,威拉里险些止步于此。

“我们经历过所有创业公司从创立到垮掉的过程,真的是同病相怜,2018年威拉里资金链基本断流,钱都亏完了。现在回过头来讲创业,首先靠坚持。”之所以有这样的感叹,是因为威拉里创立之初年年亏损:第一年450万、第二年700

万、第三年 650 万。面对外界的质疑，内部的颓丧，蒋保林只有一个念头，就是让威拉里“活下去”。

创业初期，蒋保林和团队要在前沿领域里摸爬滚打，基础材料研发周期长、失败几率高，威拉里缺少人力、缺少技术、缺少资金，还面临着国内市场狭小、国外技术垄断的重重考验。最困难的时候，徐矿集团一直是威拉里的坚实后盾，面对集团公司的支持与信任，蒋保林下定决心，破釜沉舟，誓要将威拉里从“无底洞”扭转为“高精尖、优新强”的代表。

资金链断流后，威拉里甚至发不出职工工资，外聘专家先后离去，30 多人的团队只剩下原来徐矿抽调的 18 人。当时也有很多公司来挖蒋保林跳槽，给出的年薪、待遇令人心动，但他依旧没有犹豫，不仅选择了坚守，甚至做出一个惊人决定。2018 年 4 月，徐矿集团的领导来威拉里调研，蒋保林主动提出舍弃自己的待遇，和威拉里共度寒冬，“我说我年薪不要了，每月给我发 2 000 块生活费就行。后来集团考虑到我还要租房子，就说还是 3 000 吧。”提起往事，蒋保林总是豁达而幽默。

那些日子里，18 位平均年龄只有 28 岁的年轻人互相勉励，市场还没打开，只能一家家去拜访，蒋保林带着销售、带着领导团队跑遍了业务单位，时常连对方的工作人员都见不到。“别说采购部长，采购员都难得见我们一面。经常是对方在开会，我们一等就是一上午，终于等到了，聊不到 5 分钟对方就走了。要技术没技术，要市场没市场，当时的威拉里就像是飘在天上的一朵云，风一吹就散了。”直到今天，蒋保林脑海中经常浮现出一个画面，威拉里销售部一行人背着包、拖着箱子走在上海的酷暑里，他说：“那个画面真的在脑海里一辈子都抹不掉”。在最容易放弃的时候，最容易被私心动摇的时候，他常常会想起那些背影，会不自觉地问自己：“如果我放弃了，跟着我干的这些人怎么办？”

艰难挣扎的创业期，威拉里什么订单都接，哪怕只是 1 万元、2 万元的单子，无论大小，全盘接受。蒋保林每天都在计算着各种数字：公司一个月的收入 8 万多，发工资就要 8 万，水电费要 5 万，购买材料要 5～10 万，幸好房租是自家集团的，没钱就只能先欠着……

终于，威拉里渐渐打开市场，技术趋向成熟，公司月收入从 8 万涨到 18 万、28 万……现金流正了，公司“活下来”可以自给自足了，到了 40 万时，就能抵消设备折旧，实现盈利了。一个个数字对于蒋保林来说刻骨铭心，当月收入从 60 万跳到 120 万、250 万、500 万，直至现在每月的 1 000 多万，成就了威拉里的热血传奇。

威拉里团队

说起威拉里残酷而迅猛的创业历程,蒋保林将成功归因为三点:

一是百折不挠的"坚持",彼时徐矿集团同期扶持创立 13 家科技公司,威拉里的投资成本位列倒数第二,但是只有威拉里坚持不懈,置死地而后生。

二是百年国企的"支持","如果不是身在徐矿这样的百年国企,威拉里绝对无以为继,你想,投资 1 500 万,三年亏了 2 100 万,假如是民营企业,是很难有勇气和实力顶住压力的。"蒋保林表示,集团公司的雪中送炭与信任,给了困境中的威拉里最大的底气。

三是百里挑一的"聚焦",到了 2018 年,威拉里逆境重生,势如破竹,蒋保林及时转变发展思路,聚力凝神,全心打造竞争优势。

威拉里"活下来"之后,蒋保林开始想办法让公司"强起来"。因为进口产品供应出现问题,威拉里获得了一次机会,三个月的时间,蒋保林带领团队主攻模具钢金属粉末,无暇分心生产其他产品。全体人员夜以继日搞研发、集中精力促生产,终于迎来了国家 3D 打印材料测试机构的喜讯:威拉里生产的模具钢金属粉末,不仅通过了一系列严苛测试,且各项指标远超国外同类产品,成功打破西方垄断,实现了国产替代。

公司在业内瞬间打响知名度,接二连三的订单纷至沓来。蒋保林并没有被逆袭的喜悦冲昏头脑,他清醒地带领大家精益求精,将一款产品做到极致后,才开始下一项工作的研发。因而威拉里的模具钢粉末以性能出众、批次稳定著称市场,国内客户覆盖率超 70%,并研发出适合不同模具应用场景的材料体系。

目前蒋保林和团队已达成一年只做一款产品、款款产品都是精品的共识,比如 2019 年的铝合金、2020 年的高温合金、2021 年的钛合金,每款产品一上线都能迅速抢占市场,顺势而后蓄力,坚守而后聚焦,成为威拉里制胜材料领域的秘诀。

威拉里：破冰突围，造就“隐形冠军”

2018年，威拉里迎来了企业崛起的转折点，也得到了行业和集团的认可。

蒋保林讲起了一件从未对人说起的往事，一向果敢沉稳、带领团队披荆斩棘的威拉里创始人，这一刻眼中含着泪光。2018年的威拉里，虽然已在行业内立足，但是在徐矿集团的整体布局中，公司体量太小，可能会被卖掉。当时买方看好威拉里的发展潜力，愿意出资8 000万，蒋保林和创业团队可以一夜之间实现财富自由，他知道，集团董事会已经基本通过这项决议了。卖掉亲手创办的公司的不舍，和经济方面的宽裕，让他陷入复杂的矛盾中。集团为此召开党委会的那一天，讨论到很晚，蒋保林在开车回家的路上接到了电话，徐矿集团决定了，不能卖掉威拉里。

“那一刻心里真的是五味杂陈，感觉到集团突然对我们认可了！”蒋保林把车子停在路边，痛哭了半个小时。在威拉里举步维艰时，他没有掉过眼泪；在威拉里发不出工资时，他依旧咬牙扛住；但在获得认可的这一刻，长久的坚持终于被看到、被珍惜的这一刻，热血男儿的泪水里，闪耀的是一路走来的艰苦奋斗，与追求卓越的百折不挠。

获得认可的威拉里加快了发展节奏，技术团队随即瞄准国产铝合金粉末缺乏流动的难题，一次次实验，一轮轮调整，不断改进生产工艺、改造技术设备，终于使生产的粉末流动性明显提高，铁基、镍基等粉末的流动性甚至可以控制在20秒以内。金属粉末的除湿工艺也处于不断完善中，威拉里自主研发的除湿工艺，可以确保粉末在0%的湿度下完成包装，大幅提升粉末品质。

受徐矿集团“一体两翼”发展战略的影响，威拉里也确立了“一体两翼”的战略布局。威拉里靠生产微小粉末起家，需要购买进口装备，但是随着威拉里声名鹊起，国外企业对威拉里进行封锁。蒋保林无奈之下，只能积极带领团队做设备，对于最擅长在危难中寻找生机的威拉里来说，这无非是另一次创新机遇。目前，装备已成为威拉里的主要盈利点。

所以在威拉里的“一体两翼”战略中，“一体”即是“以高温合金粉、钛合金粉、模具钢粉、钴铬合金粉、定制粉末等高端金属粉末为主体发展方向，全力打造增材制造系列合金粉末应用的龙头企业”。所谓“两翼”，一是在“核心技术装备”方面，发展真空熔炼气雾化（VIGA）、电机感应熔炼雾化（EIGA）、等离子旋转电极制粉设备及相关配套设备;二是在“粉末应用服务”领域,开展增材制造金属 3D 打印件服务,根据客户需求进行设计、切片、打印、交货,实现增材制造个性化设计服务,同时开展防腐蚀、抗耐磨表面处理修复业务。

威拉里的智能一体化产线

在宽敞明亮、整齐划一的生产车间,15 条生产线忙碌不停,威拉里全球首创的智能一体化产线早已投产,并引来同行纷纷购买,一体化装备实现了熔炼、筛分一体化,带有全封闭气保护系统和自动化控制系统,可以实现智能数字化工艺分析。在威拉里车间内,真正实现了“车间即产线”,设备组件、工艺流程与车间设计深度整合,熔炼区、机泵区、筛分区、包装区流水作业,生产效率显著提升。为了在建的 40 余条生产线,威拉里亟须进一步扩大面积,已获批在徐州市经开区建设新厂区,进一步拓展生产规模、引领行业发展。

创业 7 年来,作为主要从事金属 3D 打印金属粉体材料研发的国家级高新技术企业,威拉里摆脱了关键材料被欧美“卡脖子”的困境,成功填补了国内基础材料的空白,产品广泛应用于航空航天、生物医疗、模具制造、汽车制造等高端制造领域。蒋保林带领团队牵头起草国家标准 27 项,取得专利 88 项,2022 年 11 月,威拉里牵头起草的国家标准《增材制造用高熵合金粉》荣获“全国有色金属标准化委员会技术标准一等奖”,参与起草的国家标准《硬质合金总碳量的测定高频燃烧红外吸收法》荣获“全国有色金属标准化委员会技术标准三等奖”。公司销售额、利润连续 4 年双翻番，获得国家、省、市各级荣誉 50 余项，被评为国家级专精特新“小巨人”企业、国家级科改示范企业、江苏省混合所有制改革示范企业、国家知识产权优势企业。

国企改革：特色管理，助力科技升级

蒋保林说，最初为威拉里起名字时，曾想叫“大运飞”，因为创业团队的共同心愿，是研发生产的材料能上天。现在大家的期待已然实现，威拉里生产的金属粉末早已成为航空航天领域的关键材料。“传统机械加工方式叫‘减材’，我们是‘增材’制造，刚好是互补的两种工艺，这可能会改变未来制造业的发展格局。”提起行业建设，蒋保林信心满满，“以微小粉末为起点，打造世界制造新支点”，威拉里宣传手册中的这句话，正是对行业趋势的精准概况。

为了进一步提升科技创新水平，加快行业发展节奏，助力国有企业改革，威拉里创造性地制定出一系列特色管理模式。“国企改革的核心其实是劳动、人事、分配”，威拉里也以此作为管理创新的出发点。从企业经营的差异化来看，与威拉里同批入选“科改示范企业”的 5 家公司中，威拉里的科技含量最高，集团领导做出指示，威拉里应“打造一个科改标兵和创新尖兵”。

“在威拉里，工资最高的一定是研发人才”，蒋保林表示威拉里现阶段的新目标十分明确——2024 年争取上市。为此，笼络更多人才进行资源整合刻不容缓。7 年从无到有、从有到精，威拉里发展神速，也给管理工作带来很大压力。为了保持企业活力，需要不断吸纳领军人才，补充新鲜血液，同时激发已有岗位的工作冲劲。近年刚刚被蒋保林“挖”来的王洁部长，之前在知名房地产企业担任总经理，她表示：“来到我们公司的人，都会感觉公司发展速度很快，员工会自我加压，自己跟着跑，起步即冲刺。”

威拉里办公区的走廊里，有一块“揭榜挂帅，能者先行”的榜单，这里张贴着公司亟须解决的各种技术难题，不仅写清解决难题的具体要求和资源支持，还直接标明揭榜的奖励金额。威拉里的每一位职员、工人，只要有办法解决某个课题，都可以来“揭榜”。管理层同样有着激励机制，每位部门负责人办公室中都贴有“年度任务挑战榜”，清晰明了地列出各项考核内容、完成时间、兑现金额，完成目标当月即可领取奖励。

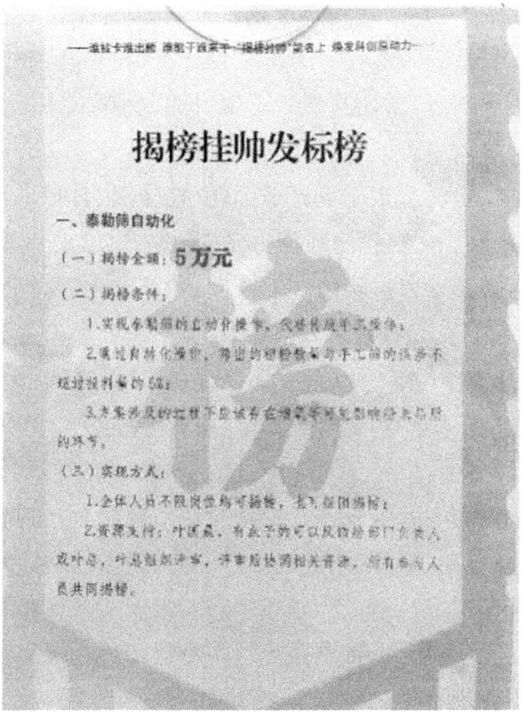

揭榜挂帅发标榜

年度任务挑战榜

威拉里坚持市场化管理，劳动人事方面做到“能进、能出、能上、能下”，在蒋保林看来，“国企改革要回归到激发企业效能、增加生产效益”。比企业中常见的双通道晋升再向前一步，威拉里为员工设计了“技术、技能、管理”三条培养通道，“每条上升通道上不封顶，如果是专心做工人，就算不涉及管理领域，也可以直接上升到我们的‘威拉里工匠’，一名工匠师的收入水平并不比公司副总差。”在这样的氛围下，威拉里的员工们更有干劲，自我加压、自我培养、自我学习成为职工们的工作常态，公司也鼓励继续深造，创造提升空间，为提升学历的员工报销50%学费，定期聘请专家进行培训。在徐矿“家文化”的氛围中，蒋保林也时常思考如何帮大家释放压力：设置了专门的“员工日”，给大家提供休息时间；倡导职工阅读，定期为大家报销书款……员工休息区的“心愿墙”也十分引人注目，心愿便签上“签单”“涨薪”“家人健康”等美好祝愿，展现的是员工对威拉里浓浓的归属感。

在生产管理方面，威拉里更加不会放松，独创的“彩虹管理法”成为行业内的先进经验。顾名思义，彩虹管理是针对微小粉末的生产销售流程提出的，将不同的“客户/供应商资源、雾化导流嘴、生产/筛分设备、任务单、转运密封桶、产品包装罐、应收账款和应收票据、仓库产品货架、重要节点工作和人才引进情况、安全色和风险等级分级管控、项目申报等”，用不同的颜色加以区分，使分类整理一目了然，管理流程有迹可循。

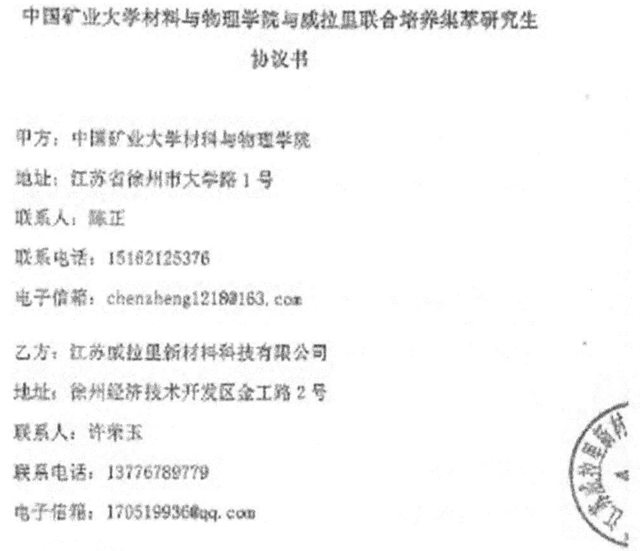
中国矿业大学材料与物理学院与威拉里联合培养集萃研究生

协议书

甲方：中国矿业大学材料与物理学院

地址：江苏省徐州市大学路1号

联系人：陈正

联系电话：15162125376

电子信箱：chenzheng1218@163.com

乙方：江苏威拉里新材料科技有限公司

地址：徐州经济技术开发区金工路2号

联系人：许荣玉

联系电话：13776789779

电子信箱：170519936@qq.com

中国矿业大学材料与物理学院与威拉里联合培养集萃研究生协议书

在吸纳行业精英、强化内部培养、创新管理模式的联动下,威拉里同样注重栽培新生力量。目前已与中国矿业大学、哈尔滨工业大学、中南大学等国内外知名高校进行定向人才培养。作为矿大学长,蒋保林也对青年学子抱有期待:

“一是要有远大的理想,把家国情怀融入理想抱负中。大众创业、万众创新是富民之路,强国之策,青年是创业创新的生力军,把青春奉献给党和人民需要的地方;

二是要坚定信念,坚守初心使命。做任何件事,只要方向正确,就一定要坚持,只有真正坚持下来,才会取得最后的成功。

三是要敢于担当、勇于奋斗。我们必须一步一个脚印,踔厉奋发、笃行不怠,风雨无阻地向前进,以积极的心态去面对一切困难,敢于不断挑战自我。”

如同蒋保林所说,“时不我待,前途正远!”威拉里正在材料强国的征途中乘风破浪,奋力奏响新时代的青春之歌。

精诚育人篇：
求是务实，传承情怀

中国矿业大学化工学院的林喆老师，通过“力行计划”到徐矿集团长青能化公司挂职锻炼。检修湿电除尘时，他从检修口拍摄到一幅绚丽的照片，捕捉到工业之美的瞬间。

“力行计划”结束后，林喆多次带领学生到长青能化实习，拓展校企协同育人路径。

国家级博士后
科研工作站的人才共育

“朝乾夕惕、谦逊好学”,是他面对人生的准则;“创新、严谨、坚持”,是他不懈拼搏的写照;“把握科技前沿,扎根行业一线”是他始终如一的探索态度。他就是中国矿业大学副教授、博士生导师辛海会,也是入职徐矿集团国家级博士后工作站的第一人。

从矿大学子到校企合作的中坚力量,诸多和辛海会一样任职于徐矿博士后工作站的矿大教师,让我们看到了新型培养模式下,高校人才在共育平台的华丽转变。

从学习到教学:朝乾夕惕,不忘初心

作为学子,辛海会刻苦学习,笔耕不辍。

2012 年,辛海会从中国矿业大学毕业,保送本校读研。2016 年,获得矿大安全科学与工程专业博士学位,并留校工作。如今,辛海会已成长为矿大安全科学与工程学院副教授、博士生导师,受邀为江苏省化工园区“一园一策”安全检查专家组专家、贵州省和河南省应急管理厅事故调查专家组专家、国家自然科学基金

通讯评审专家，并担任了 *Combustion & Flame*、*Fuel*、*Energy & Fuels* 等国际期刊特约审稿专家，成功入选了省级人才工程项目。

“用一个词来概括矿大的学风，就是踏实”，辛海会表示这也是科学研究的基石，十分符合“开拓创新，严谨治学”的学术氛围。在矿大漫漫十载求学路上，“不浮躁”是辛海会的学习心得：“矿大为学生提供了优良的实验平台和实验条件，拥有众多先进设备，这对于研究、实验，以及学生培养，无疑都是强有力的支撑。作为矿大的学生，在这样的平台中可以获得很多参与实验的机会。在学期间，我和同学们在导师提供的国家级项目、与企业合作解决实际问题的横向课题中，都得到锻炼与提升，真正做到学以致用，实现了产学研的结合。拥有坚实的实际性产业和工业性背景，是矿大学子在科研领域极具优势的地方。”

辛海会深耕十载、不忘初心，从学生到教师，转变的是他的身份与角色，不变的是对于科研的严谨与认真、对于矿大的热爱与奉献。

作为老师，辛海会呕心沥血，诲人不倦。

“师者，所以传道受业解惑者也。”这也是辛海会用以自勉的箴言。在他看来，对学生的尊重、信任、鼓励、支持，是一名教师的基本素养，与学生共同成长，才能彼此成就。日常教学中，他耐心、细致、执着，关心学生，站稳讲台，以强烈的责任心授业解惑，以浓厚的使命感教书育人，用自身的求学经验和人格魅力，引导学生形成对专业知识的好奇与探索。从成为教师的那天起，辛海会已主持“动力中国·课程思政”校级教改项目 1 项，参与教改项目 2 项，发表多篇教学论文。“授人以鱼不如授人以渔”，作为一名高校教师，辛海尤为注重培养学生的科研能力，引领学生走上研究道路。为了激发学生的科研热情，是其形成问题意识与创新思维，辛海会积极指导学生参加各类科研竞赛，先后指导国家级大学生创新训练计划 4 项、省级大学生创新训练计划 2 项，带领学生参加全国高校安全科学与工程大学生实践与创新作品大赛、“互联网＋”创新创业大赛江苏省赛、江苏省大学生节能减排社会实践与科技竞赛、全国大学生过程装备实践与创新大赛等，并获得多个奖项。

辛海会在校期间主持的“动力中国·课程思政”教改项目，旨在将理工科基础课程与课程思政相结合。“比如将矿井火灾、地下工程火灾等专业知识与课程思政联结在一起，全面开发课程内容相关性、科技相关性、政策相关性的融合方式，不仅可以让学生认识到国家的战略背景与发展规划，也可以帮助学生在吸收专业知识的过程中，从政策、战略角度出发，思考怎样灵活地掌握这门学科知识、运用这门学科技能。”辛海会常常以此向学生们解读国家战略要义，传递社会正

实验室中的辛海会

能量。“十三五”规划期间,秉持着和谐社会、以人为本的出发点,城市建设和城市公共安全提升到新的高度。相对于地面建筑火灾,地下工程一旦发生火灾更难以施救,因此需要建设更为完善的防控机制,课程讲授过程中,辛海会从国家政策层面出发,呈现课程知识的重要意义与现实价值,落脚于防治工作的重点、难点,以及实施方案的可行性,进而让学生理解如何“真正地把事故扼杀在摇篮里”,谈起教学心得,辛海会感触良多。

从实验室到矿井:投身实践,追寻真理

入职徐矿,建设徐矿集团博士后科院工作站,是辛海会和徐矿集团双向奔赴、彼此选择的共赢结果。

2021 年 8 月辛海会入职徐矿集团博士后工作站,2022 年获得中国博士后科学基金第 71 批面上一等资助、第 15 批特别资助,实现了徐矿集团博士后工作站设站以来首次获批国家级博后基金项目,徐矿集团博士后工作站也由此成为 2022 年度唯一获得中国博士后科学基金面上一等资助和特别资助的矿业工程

学科博士后工作站。

在矿大与徐矿的密切交流以及辛海会的带动下，徐矿博士后工作站自设立以来，与中国矿业大学签订联合培养博士后研究人员合作协议书，已有5人通过面试进站，主要研究方向为通风与安全、冲击地压防治、软岩支护与瓦斯治理等煤矿安全开采相关领域，满足了徐矿集团对科技人才的需求。

“徐矿集团从近代徐州利国矿务总局演变而来，140年的企业史中写满了红色故事的热血传奇，不仅是中国煤炭工业改革的先锋，也镌刻着中国民族工业从启蒙到腾飞的时代变迁。”辛海会表示，进入徐矿集团博士后工作站，是审慎思考后的最佳选择：“徐矿集团作为老牌煤炭工业企业，经历了煤炭行业最初发展的峰值期，与区域煤炭资源的枯竭期，从开采技术到枯竭矿区治理都积累了丰富经验，是发展历程丰富而完善的典型企业。在徐矿集团，各个方面的研究材料都可以找到，相比之下可接触到的技术层面更加广泛。”

不仅如此，辛海会也感慨道：“对于我个人来说，第一次进入博士后工作站，可以来到徐矿集团这样一个充满开创性和可能性的研究平台，十分具有纪念意义。在我与徐矿集团负责人的交往中，惊奇地发现博士后工作站的建设阶段，恰好是集团领导格外重视科研的时候，博士后工作站的设立可以说是集聚了‘天时地利人和’。徐矿集团在物质上和精神上都给予了充分支持，来帮助博士后工作站的教师、学生开展科研工作。”

“实践是检验真理的唯一标准”。作为科研工作者，辛海会深谙这一道理。他明白，要想搞好科研，不能只停留在理论层面，真理都是从实践中来、再回归到实践中去的，不然理论只能是无根之木、无源之水，永远无法探索到真理。在徐矿集团博士后工作站的日子里，辛海会更是多次投身到实践活动中去，践行“理论＋实践”“前沿＋实业”的工作方法。

近年，徐矿集团博士后工作站与甘肃百贯沟煤矿展开合作，项目以大清剿煤层防火相关理论的实践活动为主体。经历了项目研发与落地，以辛海会为代表的徐矿集团博士后工作站科研团队，帮助百贯沟煤矿成立了平凉市科技创新中心，有了工作站的技术支持，这一项目也成功获评甘肃省的重点研发专项计划。辛海会说：“要从国家的重大需求和实际问题出发，去做一些科学性的研究，解决一些共性的、基础性的关键科学问题，这对于科研人员也是十分有帮助的。当你亲自来到现场，会发现很多实际问题和理论认知是存在差距的，这种差距往往是新的问题生发点。”

比如，在实验室认知煤的氧化，认知过程是把煤放到实验室环境中，给它通氧气后，发火时间是很长的。但是，实验室的自然发火期和开采现场自然发火的时间差异非常大，“因为实际现场的条件更加复杂，我们怎么能够让实验室的数据指导现场的实际情况呢？它究竟多长时间能够发火？停产多长时间会导致危险程度上升？有哪些指标可以用来判别温度上升？这些问题在实际情况中我们不得而知。这就要求科研工作者采取措施，结合现场的实际情况，因时而变，保障以后的实验数据更加适合生产活动的切实需求。实验室测到的数据是在最理想的情况、最完美的条件下得到的最基础的、最本质的数据，但是怎么样用本质的数据结合现场的实际条件，进而供工人使用是非常重要的。根据现场的监测数据和实际环境的融合、长期观测的指标变化，结合井下实际流程的特征，才会得到比较有价值的结果。”在徐矿集团博士后工作站，与其他各类企业的合作，让辛海会从现场学到了很多知识，他说：“安全理论知识是为煤矿企业服务的，解决矿井中的实际问题，是我们科研工作的出发点与落脚点，徐矿是一个起点、一个支点，让我们的理论可以更加广泛地应用到实践中去。”

辛海会到贵州省煤矿提供技术支持

经过一次次的实地考察和现场作业，辛海会在各个矿井工地停留了很长时间，在现场指导工作，他从来不喊苦不喊累，每天和工人们吃同一锅饭，睡同一张床，一起下矿，一起监测，一起收工，闲聊家常。一次，煤矿出现火灾隐患，辛海会不但没有先行退出矿井，回到安全地带，而且挺身而出，冒着生命危险收集数据，检测排除安全隐患，成功控制住了火灾局面，最后从矿井内安全撤离。在这之后，辛海会及其团队根据在火场内切实测量到的数据，制定了相应方案，成功降低了该矿井内火灾隐患指标。在辛海会看来，科研工作者要坚持“以人为本”的信念不动摇，要把怎样更好地疏散、施救作为行动目标。“在‘以人为本’的基础上实施安全救援，而不是说盲目地把所有技术都堆砌上去。”因此，辛海会团队提出了“五位一体”精准防控系统，从煤的特性，到煤的监测，到火灾预警，再到煤的三类技术的防控，构成“五位一体”的技术体系，大大提高了防控技术等级，更好地保障了矿井内的安全生产作业。

矿大师生在徐矿集团博士后工作站的实践成绩，同样离不开徐矿集团的鼎力相助。徐矿集团的多位领导同为矿大校友，谈及这些矿大校友与领导集体，辛海会十分感动，“陈清华经理从组织博士后的学习、调研，以及日常阶段的汇报指导等方面，给予我们很多支持。李剑锋经理作为我在博士后工作站的导师，针对现场提供了很多建设性的指导意见。再到主管技术中心的刘金虎经理，给了我和其他入站的矿大教师很多服务项目的学习机会……徐矿集体博士后工作站的平台属性，和徐矿领导的悉心关怀，使得矿大的科研优势和徐矿的企业优势实现了进一步有机结合。”

“脚著谢公屐，身登青云梯”，经历了徐矿博士后工作站的交流学习，辛海会感慨道：“企业的视角更贴合于现场生产的实际情况，理论与实践的深度融合带给我很多启发。”这也是很多矿大教师前往产业一线的共同收获，中国矿业大学与徐矿集团的合作共建，不仅激发了能源资源行业的技术革新，也培育出全面发展的科技人才。

从"力行计划"
探索产教研融合路径

十年求学,十年工作,林喆在矿大成长起来,又将自己投身于矿大的科研和教学工作中。近年,他也通过中国矿业大学的"力行计划"参与到徐矿集团长青能化公司的发展建设之中;同样参加"力行计划"并收获满满的,还有电力学院的梁林与经济管理学院的张炎治。

矿大求学:源深流自远

"源深流自远,行健天同功"。校歌悠悠扬扬,飘荡于林喆从本科到硕博的十年学习生活。

2001 年林喆进入中国矿业大学,攻读生物工程专业。新世纪之初,生物工程是名副其实的热门专业,入学成绩要求极高,林喆便是以全校第三的高分进入生物工程专业的。但是在那个年代,"生物工程"还停留于概念层面,真正产业化的领域,不论是制药还是其他产业,相关的应用并不多。林喆一直怀揣一个理想,就是希望自己所学知识可以付诸实践,为了实现"产学研"的结合,林喆做了一个大胆的决定:报考跨专业免试研究生。考虑到专业相关性和未来发展前景,他选择了攻读矿物加工专业。

结合本科时期生物工程专业的优势，林喆选择了一项至今十分热门的课题——能源硅藻。能源硅藻研究，建立于微生物作为生物质能源生长速度迅速的优势。目前，在“碳达峰、碳中和”目标指引下，大批研究者还在进一步深化研究，把微小的藻类培养成为生物柴油。可见，读研期间的林喆，属于该领域的先行者，非常具有前瞻性。博士期间，林喆选择了矿物加工领域的二级学科——洁净能源技术与工程，继续推进课题深度，对硅藻进行生物分离，通俗来讲，他的具体任务是把硅藻从水里面采集、分离出来，以便高效解决沼水分离问题。

深入企业：实干放得真知

为深入贯彻“产学研”一体化发展，中国矿业大学通过“力行计划”，选派优秀教师作为培养对象到相关企业挂职锻炼，徐州矿务集团正是重要合作单位之一。加强高校、企业、地方的三方联动，为青年教师提供理论联系实际、提升业务素质、提高实践能力的发展机遇，不仅是“力行计划”的出发点，也满足了地方政府、董事单位对高端人才的需求。

按照“力行计划”安排，任教于化工学院的林喆，入职徐矿集团长青能化公司担任总经理助理，怀揣着期待，他来到了陕西，来到了生产一线。“入职矿大化工学院之后，我发现之前的研究方向，实际上与化工产业结合得不是十分紧密，特别是我们学校化工相关的研究方向主要是偏公益的，与企业结合的程度不够深，解决实际问题的项目不够多。”林喆当时就期待着，能有这样一个计划，能够“去看一看企业到底有哪些技术需求，看看能不能在高校与企业之间建立起来联系，看看能不能找到一个合适的方向开发课题、深入研究”。所以当“力行计划”发布时，他立即选择了加入。进入长青能化公司后，林喆察觉到企业的现实需求与高校的科研工作确实存在较大差异，企业生产活动的切实需求和科研结果的对接效果仍有提升空间。

林喆在长青能化公司驻扎了一年，切实发现了“产学研”一体化过程中校企双方需要面对的种种问题。比如化工产业工艺一旦确定以后，很难做出大的改革或改变，为了保证企业生产效率和效益，工业流程就会按照原有的工艺运行。“许多企业新上的环保相关的项目，围绕‘三废’的处理，按照国家对环保的要求企业会增加一些装置或者是工艺步骤，但主体工艺基本上不变。企业要做的改

林喆在徐矿长青能化工作

革,是怎样把已有工艺过程的效益最大化,争取做到更加节能,提高整个系统运行的效益效率和能源利用效率,做一些小改变,而非大刀阔斧的改革。并且,对企业而言,他们要求科研提供成熟的技术,希望技术实际应用后再引入到企业之中。实际上化工领域能够掌握真正成熟的技术确实还比较困难,从小实验室向工业化的放大过程中存在很多问题,是仅仅在高校里研究解决不了。无法进入到企业中,科研就没有办法得出获取精确的实验结果,凝炼出成熟的技术;没有成熟的实验结果与技术成果,企业不愿意做'小白鼠',冒极大的生产风险配合科研人员在企业生产环境下实验,这两者之间的矛盾,注定了'产教研'之路任重而道远。"林喆表示,毕业于矿大的陈清华经理,十分关心挂职在徐矿集团的矿大校友,他鼓励林喆回到学校后继续组织校企合作项目,不断优化合作成果。

中国矿业大学经济管理学院的张炎治教授,也曾任徐矿经济运行部部长助理,参与徐矿集团的政策分析和战略规划,发挥着参谋和智囊的作用。在入职徐矿集团的日子里,张炎治基于对中国煤炭市场的深入理解,在写给集团领导的内参性政策建议时,提出了极具前瞻性的意见,体现出高校科研人员对于专业领域、政策导向和市场风向的敏锐嗅觉。

2018年春节前后,徐矿集团需要拟写关于目前煤炭市场电力市场的发展建议，张炎治恰好是从事能源市场方面研究的，为此也提出了自己的意见。他认为，中国电力市场正在进行改革，要淘汰落后产能，且市场化的运作方式以前是分配式的，而未来的趋势是竞价上网。“对于电厂而言，国家政策一旦改革，过渡期的日子可能会比较难过。应该及早地寻找出路，进行转型。”他的意见虽然当时并未引起太大的重视，但是到了 2019 年下半年，中央的态度比较坚决，要求电力企业转型成为市场化运作，徐矿集团的管理层十分惊叹于张炎治的超前判断。

在企业学习的一年内，张炎治深刻认识到企业执行力之强是高校无法比拟的。企业属于试错式的方案设计，有时候无法过多考虑计划的可行性，企业不可能停工等待方案应对市场和政策的变化，而是会在运行的过程之中不断试错，不断完善，不断改进。企业的运作方式效率高，但是方案不一定完美，张炎治也辩证地看待校企两者的优势与互补。“高校做科研项目，不与利润挂钩，可以慢慢地思考，往往是等到想法系统化，达到非常完善的程度时再发表论文。但是也造成了论文与企业实况相脱节的问题。其一，企业和高校等科研机构的目标不同，企业在现实情况下要承担经济损失，需要立刻行动；而科研机构追求的是名誉和知识价值。其二，企业思考问题比较局部，一般选择‘对症下药’，不会过于系统化、全局化地思考问题，每个部门也都是各自治疗痛点。但是科研是全面调理，要把你从头到脚的脉络给理顺疏通，选取最优解，这就是两者的区别。”

来自电力学院的梁林，也被中国矿业大学选派赴徐矿综合利用发电有限公司挂职锻炼一年，任公司总经理助理一职。进入企业后，梁林发挥所长，为企业提供支持，积极参加公司技术部门组织的所有技术研讨活动，与技术人员展开多次交流，并指导公司技术专工撰写多项申报材料。梁林还参加了低温省煤器改造项目方案论证小组，与公司技术人员以及项目设计人员，就设计图纸的可行性和可靠性进行讨论，进而提出修改建议，为该项目的顺利开展提供了有力的支持。期间公司曾对一号机组进行了大修，这为梁林详细了解锅炉、汽轮机等电厂设备结构提供了宝贵机会。为此，在机组大修期间梁林坚守维修第一线，“当时真是爬锅炉、钻人孔，眼睛看、嘴巴问，就为了切实了解电厂主要设备的结构”。在徐矿集团锻炼的一年里，梁林始终树立桥梁意识，努力推进校企合作。在这一目标的指引下，梁林依托公司申报了 2019 年江苏省“双创计划”科技副总项目，该项目得到了徐矿和矿大的有力支持；促成了公司与中国矿业大学环境与测绘学院合作的“掺烧污泥等一般固废耦合发电环可行性研究”项目。

教研相长:实践指明方向

在“力行计划”的实践过程中,林喆不仅看到了校企合作的难点和痛点在,也收获了未来科研工作的导向性思考。“我切实了解到企业在校企合作方面的态度,回到高校以后我们可以把科研发展朝着企业切实需要的方面靠近,尽量向着成熟的技术、成熟的产品这方面去开发。”由于林喆经历跨专业来到化工专业,在教学方面,他需要去了解整个化工生产的实际情况,为教学提供更多的案例和实际应用场景。现在,林喆在课堂上总会将工厂实际生产的工艺与课本中的原理相结合,将抽象的原理具象化到实际案例中来,让学生更加直观地了解、学习原理。

林喆表示,虽然挂职锻炼结束了,但他从未放弃从科研入手,寻找高校研究与企业生产的结合点,已有几个角度是林喆一直保持思考的,并尝试着解决一些现实问题。从头开始做,与原先的科研方向并不一致,这对于林喆来说算一个破釜沉舟的抉择。2022 年,林喆召集了几位本科生同学,在大学生创新创业训练计划平台试水,这也是矿大和徐矿在科研方向协同育人的生动案例。林喆指导的大创项目组采用以“疏”代“堵”的全新思路解决煤气化渣水高硬度引发的结垢问题,处理过程中运用 CO_2,大大降低了工业生产成本,符合我国绿色化工发展要求。林喆也通过“力行计划”与长青能化公司建立了密切联系,多次带领学生到长青能化实习,走出教室,走进企业,参与实习的学生不仅兴趣满满,也获益匪浅。

林喆带学生到徐矿长青能化实习

作为一个纯真的“理工男”，林喆在人文社科方向也有兴趣和建树，在矿大开设的篆刻课程还获评江苏省一流课程。

提起学习、传授篆刻技艺的契机，林喆回忆起了成长往事。他出生于农村，由于当时农民文化水平较低，不会签名，大多用私章来代替，林喆父亲偶尔给别人刻一些私章，久而久之，在父亲的耳濡目染之下，林喆对篆刻产生了浓厚的兴趣。但是父亲并不支持林喆学习篆刻，认为这是玩物丧志的表现。恰巧高中的班主任到上海出差时，给林喆带了一套刻印的工具，天资聪颖的他自己琢磨、尝试，竟也掌握了篆刻的技能。上大学后，林喆将篆刻工具一并带了过来，继续自学篆刻相关知识。本科阶段的林喆还组建了一个学生社团组织——矿大化工学院书法协会，直到现在这个组织依然存在，林喆作为创始人，把这个社团发展为化工学院的特色方向，为篆刻爱好者组织活动。

林喆的篆刻教学

后来，学校开始遴选优质的公共选修课，林喆开设了一门线上篆刻课程，意外的是，效果十分不错。林喆又将自己录制的篆刻视频课程投放到大学慕课网上，依然好评如潮。“第一次评一流课程的时候，因为我们起步比较早，已经顺利运行两个周期，具备申报条件”，机会总是留给有准备的人，2019 年林喆的篆刻课程成功获评省级一流课程。

林喆学生的篆刻作品

专注科研事业,热心产业发展,传承人文情怀,在中国矿业大学与徐矿集团的产教研合作中,协同育人成效显著。

听"新徐矿人"
讲述矿大情怀

140 年,在历史的长河中不过弹指一挥间,但是对于徐州矿务集团而言,却是真真切切的一砖一瓦的累积和搭建,一条条生产线随着时代的发展而铺展蔓延,一台台设备被日新月异的技术不断更新、擦亮……一切物的建设背后,更隐藏着一代代人的不懈努力与追求。

"长江后浪推前浪,浮事新人换旧人"。徐矿的朝阳不仅照耀在集团的土地上,更照耀于每一张生气蓬勃的脸庞上。"新徐矿人"们将所学化为所用,把矿大情怀融入徐矿工作,演绎着新的生命力量,他们从前辈们手中郑重接下发展重任,延续其血脉,传承其精神,践行其使命,共同描绘着徐矿新的明天。

王涛涛、于瑞红:是书生也是斗士,以行动落实精神

王涛涛和于瑞红夫妻二人结缘于矿大,毕业后进入徐矿工作。朝夕相处的过程中,两人相知相恋,携手步入了婚姻的殿堂。上阵夫妻兵,是同学,是恋人,更是为了共同理想与信仰的并肩奋斗的同事和战友。在徐矿高质量发展的道路上,他们共同挥洒青春的汗水,互相勉励着在各自的领域发光发热绽放

光彩。

2014 年 8 月，通过“苏北人才引进计划”，王涛涛和于瑞红挥别校园，开启了自己的职业生涯。初入徐州矿务集团时，他们所隶属的华美热电有限公司尚处于建设施工状态，二人被分配到四川白马示范电站、徐州综合利用有限公司等地进行实习，待厂区设备到位，两人于 2015 年返回华美热电公司，参与了二期项目建设。尽管走出校门的时间还并不长，但他们很快便适应环境，褪去学生的稚气，穿上蓝工装，融入了生产现场。看着老师傅们在现场忙碌的火热身影，夫妻二人既激动又敬佩，他们暗自下定决心：一定要把握这次难得的学习机会，多向前辈学习，把热情和激情投入到工作中去，在岗位上打磨自己的专业知识，闯出一番事业来。有条不紊的建设场景也让他们踏实地沉下心来，一边学习一边投入了生产建设。每天奔走在工地上，爬上爬下地熟悉系统、了解设备、调试设备，一遍不行就再来一遍，只要肯下功夫，总能搞明白所有细节的运作规律，两人每天的运动量动辄上万步。虽然要承受不同于往日的压力和辛劳，但难得的经历也为二人此后工作的展开打下了坚实的基础。

二期项目建设完毕，机组正式投入运行，王涛涛在运行部历练了 2 年半后被调入检修部工作。检修工作要求员工对系统和设备有很高的熟悉度，不仅要了解整个运行系统的安排和衔接，更要深入各个设备的细节，洞悉其内部结构、运行方式和运行机理。由于设备大多精密而重大，检修工作既消耗脑力又消耗体力，还伴随着高温等危险。回忆起刚参与抢修工作时的经历，王涛涛总觉得那些场面历历在目：“1A 汽泵自由端轴承挡油环密封圈损坏漏油，由于之前并没有检修过该设备，在班长朱斌的指导下我担当了抢修重任，带领几名职工从当晚 7 点一直忙到第二天早上 9 点，从设备解体、清理、更换备件回装设备，克服了夜晚施工的困乏，克服了施工现场光线不足，用最短的时间恢复了 1A 汽泵的运行，未造成＃1 机组脱网，切实保证了机组的安全稳定运行。”对他来说，“纸上得来终觉浅，绝知此事要躬行”，只有在一次次的工作实践中将理论知识进行转化，才能练就过硬的技术和本领。如今经过了在检修现场多年的锤炼，王涛涛已经能够独当一面，也更加严厉地要求自己保持 24 小时随时待命的状态，遇有危险且紧急的抢修任务，总是义无反顾地冲锋在前。在徐州疫情来袭之时，除了日常的保障 2＃机组安全稳定运行的检修消缺除隐患工作外，1＃机组的检修工作刚完成近半，面对时间紧、任务重、人员少的压力，王涛涛作为一名党员，带领 8 名同事，毅然冲在保生产、战疫情的第一线。

作为妻子，于瑞红时常为丈夫的安危揪心，但同样作为徐矿的一员，她更懂得及时完成抢修任务对公司安全生产的重大意义。每次王涛涛完成任务平安归来，于瑞红内心都会涌动出双重的慰藉。与丈夫有所不同的是，毕业于能源动力工程专业的她，经过二期施工调试的锻炼和四班三倒的磨砺后，凭借不断累积的经验和学识，在 2016 年 9 月进入技术部工作，担任公司机电工程师、统计工程师，先后负责统计、节能分析、科研管理、碳排放、碳资产管理、电力交易、固定资产投资预算管理等工作，成为一名遨游在数据海洋里的灵魂采集者。数据采集需要极大的耐心和细心，也离不开更专业的知识素养的支撑，以及对发电生产更全面的了解。当初为了能够更快、更好地胜任工作，于瑞红利用休息时间自学统计、节能分析管理和科研管理等知识，考取了国家中级统计师证，参加能源节能管理培训，更是坚持每周抽出两天的时间去煤场现场学习，了解采样、制样的过程和方法。功夫不负有心人，枯燥烦琐的数据在于瑞红的手下灵动起来，新的国家标准出台后，她仔细研读碳排放政策和法规，并提出了对公司现有碳排放统计指标、核算体系进行完善和提升的建议，在分析影响碳排放的重要因素时，于瑞红敏锐地发现了问题并提出了分析测算燃煤碳元素、降低供电煤耗量大等应对方法，有效降低了碳排放总量和强度。

虽然毕业已将近十年，但王涛涛和于瑞红仍旧格外感念母校中国矿业大学对自己的培养和影响。时间不仅没有淡化矿大精神在两人身上留下的痕迹，反而使他们越来越深刻地体会到母校所赠与的精神财富是何其宝贵。或许母校所能给予的知识有限，但它所培养的求知若渴的学习态度和科学高效的学习方法还是使学子们受用终身，并促其养成了求真、务实的做事风格。尽管工作繁忙，王涛涛和于瑞红丝毫不敢懈怠，始终孜孜不倦地吸取着新的知识，不断突破自我，取得新的成绩。

王涛涛常着一身蓝工装，黝黑的脸上时常挂着笑容，工作中却格外严肃、认真，始终告诫自己走出舒适区，去培养创新精神、提升创新能力，大胆向前迈步。2017 年王涛涛在工作中开展了循环水泵与真空经济性研究并进行了试验，经过数据整理、公式拟合等方法成功获得机组运行中的最佳循环水量。相关论文获得 2017 年度集团公司优秀科技论文二等奖，也切实解决了生产实际中遇到的难题，为机组节能降耗作出贡献。2019 年，他还参与了“♯1 机电泵液偶工作油冷油器优化改造”“汽泵前置泵机械密封冷却腔室密封优化改造”技术创新项目，分别获得公司技术创新三等奖和二等奖。《350MW 机组高压抗燃油酸值超标分析及优化改造》获得 2020 年度江苏省煤炭学会科技论文一等奖。2021 年获评徐矿集团“科技创新先进个人”。于瑞红也才从不落后，2017、2018 两年获得江

王涛涛、于瑞红矿大毕业合影

苏省电力行业统计先进个人;2018、2019 两年公司优秀党员;2019 年集团公司“巾帼标兵”称号,2017—2020 年连续四年获得江苏省煤炭学会科技论文二、三等奖等奖项。“作为一个纯理工科的女工人,不断弥补自身缺失的文雅气息的同时不断加强自身专业思维、提高专业技能是一项尤为重要的工作”,为此于瑞红在研读专业书籍之外,也常捧起诗歌、小说等文学作品,让文字抚慰心灵,给灵魂补充能量。虽则走出校园,但工作现场成为更广阔的课堂,他们秉持终身学习的理念,不断追赶时代,继续以新的知识和技能充实着自我。

徐矿精神与矿大精神的高度契合,使身为徐矿人的王涛涛、于瑞红对矿大“自强不息、艰苦奋斗、追求卓越”的精神有着特别的感触,在这个传统行业里,吃苦耐劳成为一项必备的职业素养,徐矿代代传承着“特别能吃苦,特别能奋斗”的精神。经常在高温、危险环境中检修设备且 24 小时待命的王涛涛自不必说,于瑞红也常被丈夫调侃为“铁娘子”,怀二宝的时候,她甚至顾不上自己的身体,仍然坚持加班,保质保量地完成了生产数据,按时报送财务数据。回家不久,羊水破裂的于瑞红被送进医院待产,但住院期间,她仍牵挂着工作任务,配合部门领导和公司同事完成了工作的衔接,推动后续工作顺利展开。休产假时,她也会趁婴儿睡觉的间隙,放弃自己的休息时间,克服生育的劳累,完成年度碳排放全国

工作中的王涛涛

排污平台填报、全国碳排放现场核查及整改工作及部分技术创新工作。在徐矿的大家庭里，他们建立了自己的小家，徐矿也见证了两人多次的身份转变。一年又一年的时光催生太多变化，而王涛涛、于瑞红身上始终保留着矿大朴素的精神与信仰。

工作中的于瑞红

赠人玫瑰,手留余香。王涛涛和于瑞红在生活中坚持“奉献一份爱、希望在心头、责任在肩头”的理念,积极履行自己的社会责任,为抗击疫情捐款,为患病家庭捐款,参加“扶贫济困、爱满泉山活动”,参加联合国儿童基金会“爱心为儿童”计划,每月持续为中国困境儿童捐款,言传身教地教育孩子,利用周末、节假日带领孩子义务清理公园垃圾等。

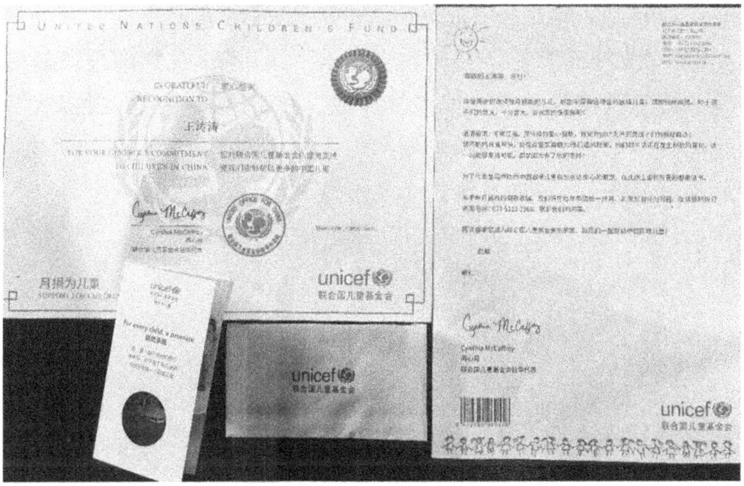

联合国儿童基金会捐赠证书

质胜于华,行胜于言。从书生到斗士,王涛涛和于瑞红在矿大精神和徐矿精神的双重影响下塑造了良好而坚韧的价值观,并在行动中挥洒汗水与心血,让精神信念、学识技能精切地贴合到工作的大事小情中,使其愈发生动、形象和具体。

李丹丹:“家”与“家”的沟通,串联起浓浓的幸福感

2015 年 7 月,李丹丹进入徐矿电厂,从运管部集控学员、运管部疾控巡操、运管部集控副值,直到如今的环保监察部环保技术员,她已在徐矿度过了自己的 7 年岁月。

对生长于徐州本地的李丹丹来说,无论矿大还是徐矿,都凝聚着一片温情,如同另外两个“家”,连接着自己人生的不同阶段。

将回忆的指针拨回校园,李丹丹心中不断涌起暖流。“那时候外地的同学很早就要去排队买票,我们则可以睡觉”,学校和家距离上的近首先带来别样的幸

福感。因为相较其他学校，对矿大更为熟悉等原因，李丹丹对矿大有着很深的认同感，这种认同感在真正踏入校园后变得愈发浓厚。时至今日，她还时常能回忆起当时师哥师姐们自己作词作曲的关于矿大的歌曲："迎着九月温柔的秋风为理想而来，开始我们人生中最美丽最动人的精彩……"走心的歌词、动人的旋律一直回旋在她的脑海里很多年。矿大也确实帮助李丹丹开启了人生中最美丽动人的篇章：本科时期，她选择了比较新颖同时也有着良好发展前景的热能与动力工程专业，在专业课老师们严格的教学要求下，打下了扎实的理论基础；硕士时期，她选择了流体机械及工程专业继续深造。在矿大校园里，她与同学们主抓学习，也利用学校得天独厚的资源，去图书馆查阅资料，去放映厅观看电影，将学习与生活紧紧地捏合到一起，过得充实而浪漫。

李丹丹与爱人在母校拍摄结婚照

因为专业对口，毕业后的李丹丹进入徐矿电厂，开始继续描绘自己的职业图景。在运管部门，高度机械化、智能化的设备大大减轻了工作人员的工作强度，虽然要参与三班倒，但李丹丹大多时间是监控仪器的运转，很少需要手动调整和操作设备。在这里让她印象最为深刻的是公司浓郁的家文化和氛围。怀孕以后，很快领导便考虑到她作为孕妈妈的辛苦，不再安排倒班。长达10个月的哺乳假结束后，重回岗位的新妈妈们也会继续得到贴心的照顾，丝毫不必考虑生子对事业的影响。在这样温馨的大家庭里，李丹丹的归属感和幸福感不断加深，也因之不断付出更多的努力来为公司的发展和建设做出自己的贡献。担任环保监察部环保技术员以后，李丹丹看到了国家对传统煤炭行业更高的环保要求，烟气、废水等的生产和排放越来越受到严格的督察与控制，她和同事们一道不断根据国家新的政策标准对工作方法做出新的尝试和调整，在政策与实践动态的发展过程中，李丹丹无论是理论知识还是实操技能上都收获颇丰，工作也愈加得心应手。徐矿集团对绿色转型高质量的追求和发展，也让李丹丹看到了公司更长远而光明的发展前景。

在徐矿，李丹丹一身所学皆有所用，也在“用”中不断巩固和发展着“学”。因为徐矿和矿大的校企合作，李丹丹在单位也能经常接触到两方的合作项目，甚至遇见曾经的班主任带着自己的师弟师妹们前来实习，看着他们年轻而充满朝气的面庞，回忆起自己的青春岁月，李丹丹感慨良多，既殷切期盼他们有更好的未来，也为自己如今的工作和生活而感到幸福。

李丹丹一家人与导师合影

2021 年 6 月，在矿大攻读在职研究生的丈夫圆满毕业，李丹丹带着孩子一起回到校园参加了丈夫的毕业典礼，并和老师拍下合照。矿大和徐矿如同两位温柔而广博的母亲，注视和引导着李丹丹的人生，李丹丹感受着两处不同却联通的“家”所带来的归属感和幸福感，也以实际行动回馈着母校和单位，为它们增添了属于自己的一抹光彩！

孟筱宇:逐梦前行,无奋斗,不青春

2021年9月,怀揣梦想与对未来的憧憬,孟筱宇走进了徐矿。对于入职日期,她印象格外深刻,不仅因为相去不远,更因为它的特别。9月11日,孟筱宇和同事们一起被安排到徐矿大学实习,9月18日正式入职,在两个具有历史纪念意义的日子里,孟筱宇开始了对个人历史新篇章的书写。

在徐矿大学接受培训期间,孟筱宇对徐矿的发展历程、发展理念、战略思想等有了更全面的了解和认知。培训结束后,孟筱宇在华美建投开始了自己的初步工作。被分配到党政办公室以后,她主要负责文字综合工作,包括撰写会议纪要、上报宣传稿件、完成会议记录、接发移动办公平台文件等。对于学习中国语言文学专业出身的她来说,这些却并不只是简单的文字工作。因为专业之间的区别和隔阂,她甚至无法准确把握一些专业术语,对会议内容也经常似懂非懂,这令孟筱宇一度很是失落。但所幸的是,公司早就预想到了这个问题,华美建投特意要求新入职的大学生们每周用两天时间去项目部进行学习和实地锻炼,由专业的前辈带领着,去认识建筑结构、建筑材料、建筑机械,了解工程概况、施工工艺、施工流程等。尽管相比坐办公室这更加辛劳,还带有一定的危险性,但回想起来,孟筱宇还是非常认可和肯定公司的安排。恰恰是这每周两天的磨炼,使她迅速熟悉了公司更多的业务细节,在后续进行会议记录等工作时,对要写作的内容有了更具体的感知,也逐渐变得轻松起来。而公司根据新员工住址,就近安排项目学习地点的做法也十分人性化,让孟筱宇更加感念领导们的良苦用心。

在华美建投的一年,孟筱宇成长了许多,也很快发出了自己的光和热,她撰写的《徐矿集团:由"黑"而"绿"的产业蝶变》获得集团主题征文一等奖。孟筱宇回顾徐矿的历史,总结公司从不同方面进行行业改革和创新的努力,看到了徐矿集团的社会担当,也更加确定了自己的职业选择。孟筱宇这块"金子"的光芒很快便被发现,2022年8月份,她被调到了集团公司,在党委工作部宣传科开始了新的工作,除日常起草文件外,也负责舆情监测等其他工作。林林总总的任务虽然细碎,但颇具有挑战性。每一天都是新的征程,孟筱宇更加斗志昂扬,也告诫自己要更加快速、踏实地成长起来。

能够在徐矿取得起步阶段的胜利和成果,离不开矿大的培养和教育。"我现在特别感谢王青教授。"提起昔日的老师,孟筱宇的感恩之情溢于言表,当初那个

工作中的孟筱宇

孟筱宇到项目部实习

性格内向,连在公开场合说话都会脸红的她,无论如何也不会想到能有今天这么大的进步。研究生一年级时,王青教授鼓励孟筱宇去竞选班长,出乎意料的,她真的竞选成功了。这一年的时间里,在学习之外,她试着处理班级事务、与学院对接工作,频繁的交流和交际使孟筱宇逐渐打开了自己,能力得到极大的锻炼和提升。"感觉那一年真的应该是我的一个转折点",循循善诱的王老师促使孟筱宇发掘出了自己更多的潜能,也为后来工作道路的顺利铺展蓄积了最大的力量。在矿大三年,各位老师们不仅传授着专业知识,也让孟筱宇意识到全面发展自身综合素质的重要性,为日后步入社会、服务社会奠定了良好的基础。

孟筱宇与导师王青教授合影

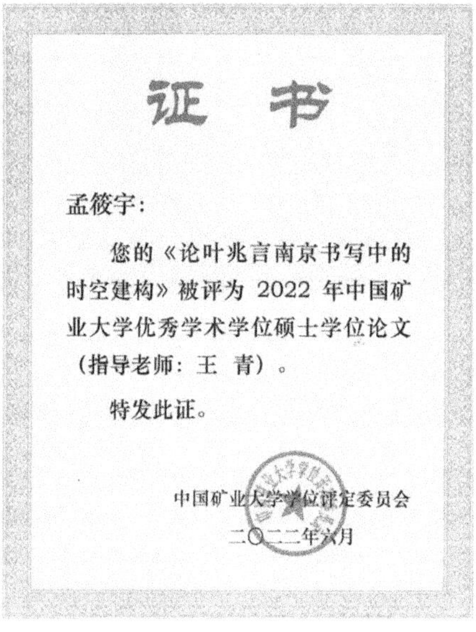

证 书

孟筱宇：

您的《论叶兆言南京书写中的时空建构》被评为 2022 年中国矿业大学优秀学术学位硕士学位论文（指导老师：王 青）。

特发此证。

中国矿业大学学位评定委员会

二〇二二年六月

孟筱宇获评校级优秀学位论文

“人生万事须自为,跬步江山即寥廓”。对孟筱宇这样刚刚走出校园、进入社会的青年人而言,奋斗是首要的任务,也是彰显青春色彩最有力的方式。新时代的号角已然吹响,青年一代们迎来了施展才华、实现梦想的历史机遇,也将承担起推动社会、国家不断发展和进步的新的历史重任,他们只有将自己的小梦想嵌入家国大梦想之下,才能获得更长足而美好的未来。“牢记嘱托、不负众望,与党同心、与企同行,把坚守作为永恒主题,把担当作为自觉追求,把奋斗作为最美姿态,把忠诚作为根本立场,把情怀作为显著标识,在推动集团公司绿色转型中绽放青春光彩,在实现百年徐矿强企跨越的新征程上跑出建投青年最好的成绩”,这是孟筱宇曾对徐矿大家庭许下的诺言,也将促成她自身更广阔而长远的发展。

岁月不居,时节如流,但在徐矿,时光不会空空走过。老一代和新一辈徐矿人们用心血和汗水填充着徐矿悠久的历史,描摹着它更光明的前景。矿大深广博厚的精神也将在它的学子们身上不断延续和扩散开来,通过校企合作的方式,为企业、为学校,也为学子和职工们注入更鲜活而持久的生命力。

附录:
中国矿业大学与徐州矿务集团校企合作大事记(1977—2022)

1977 年,徐州矿务局成功跻身全国年产煤炭千万吨大局行列。

1978 年 3 月 2 日,煤炭部、教育部联合呈送了《关于拟将四川矿业学院迁往江苏省徐州矿区建校的请示报告》,报告中明确指出矿业学院迁往徐州的战略意义。

1980 年 9 月,中国矿业学院徐州新校区迎来了第一届新生。

1981 年 5 月 3 日,煤炭工业部颁发《煤炭高等学校中等专业学校学生生产实习暂行办法》。11 月 21 日,在全国煤炭工业计划会议召开期间,煤炭部副部长于洪恩主持召开了关于组织生产、科研、教学三结合基地问题的会议,列出了三结合基地的名单,其中中国矿业学院与徐州矿务局、淮北矿业局、淮北指挥部组成三结合基地。

1981 年,中国矿业学院函授部恢复招生,在煤炭部机关、张家口煤机厂、北京矿务局、开滦矿务局、徐州矿务局、江苏丰沛煤炭建设指挥部等招收函授生 329 名。

1982年9月6日，中国矿业学院向煤炭部提出与徐州矿务局开展生产、教学、科研协作的请示报告。

1983年1月31日，中国矿业学院向高扬文部长、于洪恩副部长和教育司递交了《关于我院和徐州矿务局、淮北矿务局、淮北指挥部科技协作项目的请示报告》。

1984年12月22日，徐州校址一期基本建设工程已完工，中国矿业学院举行了盛大的竣工典礼。

1985年9月18日，由中国矿业学院承办的首届国际采矿科学技术讨论会在徐州校本部召开。徐州矿务局局长陈引亮作了《从徐州矿区的发展论矿井技术改造》的报告。

1986年6月4日至6日，中国矿业学院召开了部分校友座谈会。宁夏煤炭厅、平顶山矿务局、湖南煤炭厅、徐州矿务局、山东煤矿设计院、煤炭部情报所等单位对毕业生的思想觉悟、精神面貌、专业技术予以好评。其中徐州矿务局是学校毕业生较多的一个单位。

1987年4月，中国矿业学院召开首次毕业生分配供需见面会。应邀出席会议的有省煤炭系统的设计院、科学院、研究院、院校和矿务局公司、煤机厂、地质局等单位以及煤炭部干部司、教育司、徐州市有关负责人70多人。

1988年4月2日，国家教委批准中国矿业学院更名为中国矿业大学。

1988年暑假，中国矿业大学党委宣传部、学工处和团委组织18名教师和76名学生参加"百矿调查"活动，这一活动受到江苏省委、团省委的表彰。

1989年10月26日，经中国统配煤矿总公司批准，中国矿业大学董事会成立大会在学校举行，陈引亮作为常务董事单位的代表出席。

1992年徐州矿务局、中国矿业大学关于"徐州矿区夹河煤矿7417工作面矿山压力监测"(苏煤评字8804号)项目荣获"1992年度江苏省科技进步四等奖"。

1994年，以余力教授为首的课题组开展的"八五"国家科技攻关项目"徐州新河二号井煤炭地下气化半工业试验"研究，在稳定产气3个月后，于1994年10月23日通过专家鉴定。

1995年9月7日，中国矿业大学举行教师节庆祝大会，煤炭部副部长范维堂宣布中国矿业大学"211工程"正式启动。江苏省委领导、徐州市领导出席了教师节庆祝大会。徐州矿务局等兄弟单位到场祝贺。

1995 年 9 月 24 日，以共建中国矿业大学“211 工程”为核心内容的董事会 1995 年年会在北京举行，煤炭部部长王森浩、副部长范维唐、部党组成员朱登山等领导出席了会议。这次大会产生了中国矿业大学第三届董事会。煤炭部办公厅等部机关有关司局负责人及徐州矿务局等 15 家企业的负责人任常务董事。

1997 年 5 月 8—9 日，中国矿业大学第十次党代会在徐州校本部召开。煤炭部党组向大会发来了贺信，煤炭部科教司副司长牛维麟、中共江苏省委教育工委副书记葛高林、徐州矿务局党委书记刘玉景出席大会并发表讲话，对中国矿业大学第十次党代会的胜利召开表示热烈祝贺。

1997 年起，徐矿集团与中国矿业大学合作开展了“徐州矿区奥灰富水规律及综合防治水技术研究”，研究成果达到了国际先进水平。

2001 年 9 月 18 日，庞庄煤矿和中国矿业大学共同研究的“松散破碎复合顶板煤巷锚杆支护新技术”获“2001 年度江苏省科学技术进步二等奖”。

2001 年 11 月 13 日，徐矿集团矿大函授站被评为“中国矿业大学优秀函授站”。

2002 年 10 月 25 日，徐矿集团和中国矿业大学合作完成的“电磁辐射预测冲击矿压技术研究”通过省级鉴定。

2004 年 10 月 16 日，徐矿集团职工品行习练基地在徐矿大学落成，与中国矿业大学管理学院建立了长期合作关系，基地占地 3 600 平方米，年接待品行习练 7 000 余人次，其中外部客户 600 多人次。

2004 年 12 月 12 日，徐矿集团在太阳宾馆举办《煤炭科技》创刊 100 期庆祝活动。中国工程院院士、中国矿业大学教授陈清如，中国煤炭学会开采专业委员会秘书长汪理全、徐矿集团领导班子和老领导闵长江纷纷参加了会议。

2005 年 4 月 14 日，徐矿集团在三河尖矿召开冲击矿压防治技术研讨会，中国矿业大学教授、博士生导师、我国著名冲击矿压研究专家窦林名应邀出席，并作了冲击地压防治技术专题讲座。

2005 年 7 月 26 日，徐矿集团和中国矿业大学合作研究的张小楼井深井高应力破碎围岩回采巷道围岩控制技术通过了江苏省科学技术厅的科技成果鉴定。

2005年12月16日,徐矿集团邀请中国矿业大学文学与法政学院副院长杨思留教授,为基层各单位经营管理部门的有关人员讲授《中华人民共和国公司法》新修正案。

2006年10月24日,旗山矿矿长王钦方获得第39批中国博士后科学基金3万元资助,成为中国矿业大学博士后工作站和全国煤炭系统唯一获此资助的对象。

2006年,徐矿集团针对深部高温热害难题,与中国矿业大学(北京)合作开发"HEMS降温系统研发及深井热害控制对策研究"项目。

2007年3月至2008年9月,徐矿集团委托中国矿业大学组织专门课题组,开展徐矿集团存量土地资源再开发研究,编制了《徐州矿务集团有限公司存量土地再开发策略研究报告》。

2007年6月15日,徐矿集团党委学习中心组成员和基层衰老矿井负责人听取了中国矿业大学教授常江关于衰老矿井资源开发与利用的知识专题讲座。

2008年3月7日,中国矿业大学成立校企战略联盟指导委员会,全面推进校企战略合作。先后与中国煤矿机械装备有限责任公司、三一重型装备有限公司、盘江煤电集团有限责任公司、徐州矿务集团有限公司签署了战略联盟合作协议。

2008年4月22—23日,由上海交通大学、徐州市人民政府、美国兰德公司、文汇报社、中国矿业大学联合举办的"2008年太平洋论坛"在徐州开元宾馆举行。徐矿集团作了《全力推进衰老矿区转型复兴》的主题发言,主要内容是发展区域性能源基地,做大做强非煤产业,建设新型园区,构建绿色生态矿区。

2008年4月,为振兴徐州老工业基地,中国矿业大学与徐州市以及徐矿集团共商实施徐州矿区塌陷地综合治理与生态修复工程,并委托"中德中心"进行规划论证。

2008年9月,"中德能源与矿区生态环境研究中心"的建设方案出台,该中心依托中国矿业大学组建,是中国矿业大学与徐州市人民政府共建的非营利学术性研究机构。中方理事单位有中国矿业大学、徐州市人民政府、徐工集团、徐州矿务集团、中能硅业科技发展有限公司等。

2008年11月28日,中国矿业大学与徐矿集团在矿大南湖校区举行战略合作联盟签约仪式。中国矿业大学党委书记罗承选和徐矿集团董事长、党委书记皇新海出席签约仪式。

2008 年 11 月 28 日,徐矿集团董事长、党委书记皇新海正式受聘为中国矿大兼职教授。中国矿业大学校长葛世荣向皇新海颁发聘书和校徽。聘任仪式在中国矿大行政办公楼举行。

2008 年 11 月 30 日,徐矿集团和中国矿业大学共同完成的“新会计准则应用研究——《煤炭企业会计核算办法》设计”通过专家鉴定。该项科技成果是财政部《企业会计准则》体系在煤炭行业的深化,全面而综合地反映了煤炭行业会计核算的特征,达到了国内领先水平。

2008 年 12 月 24 日,徐州矿务集团石炳华等正式受聘为矿大兼职教授。

2009 年 6 月 15 日,中国矿业大学与徐矿集团联合培养 2009 届大专班毕业典礼,在南湖校区外文学院 102 报告厅隆重举行,

2009 年 11 月 15 日,经中国煤炭工业协会组织中国矿业大学、江苏省煤矿安全监察局徐州监察分局等单位和部门的有关专家鉴定,由旗山矿和中国矿业大学共同完成的“旗山矿深部开采通风系统设计与优化研究”、张集矿的“张集矿瓦斯综合治理体系研究与实践”、夹河矿的“夹河煤矿低浓度瓦斯安全抽采发电及综合利用技术研究与应用”三项科技成果达到了国内先进水平。

2009 年,徐矿集团申报江苏省企业院士工作站,中国矿业大学成为管理委员会成员。中国矿业大学钱鸣高院士、柏建彪教授,中国矿业大学(北京)何满潮教授、孙晓明副教授等专家学者加入研发团队。

2010 年初,徐州市政府决定将物联网作为战略性新兴产业发展,并依托徐矿集团的有利条件和中国矿业大学的科研优势,组织开展了“感知矿山物联网产业”项目的研究工作。

2010 年 10 月,徐州市政府、中国矿业大学、徐矿集团合资成立了江苏中矿智慧物联网科技股份有限公司。

2011 年 6 月至 7 月,受徐矿集团委托,中国矿业大学带领 23 名徐矿集团领导干部前往德国鲁尔工业区,展开首期“资源枯竭型企业转型”培训,为徐州老工业基地转型储备经验。

2012 年 12 月,江苏省科技厅批准徐矿集团成立“江苏省综采综掘智能化装

备工程技术研究中心”，中国矿业大学为重要合作单位。

2013 年 7 月，中国矿业大学信电学院到徐矿集团庞庄煤矿开展“中国梦、科技行，矿大学子向矿区送温暖”主题实践项目。

2014 年 3 月，江苏省办公厅批准中国矿业大学成立“江苏省老工业基地资源利用与生态修复协同创新中心”，徐矿集团为重要合作单位。

2017 年 9 月，教育部、财政部、国家发展改革委联合发布《关于公布世界一流大学和一流学科建设高校及建设学科名单的通知》，中国矿业大学入选一流学科建设高校，安全科学与工程、矿业工程 2 个学科入选“双一流”建设学科名单。

2018 年 2 月 1 日，徐矿集团与中国矿业大学在徐矿大厦签署合作协议。

2018 年 5 月 7 日，由江苏省教育厅与江苏省国土资源厅、江苏省环境保护厅、徐州市人民政府主办，中国矿业大学和徐矿集团承办的“江苏教育界与产业界对话对接活动——资源型城市转型发展与生态文明建设”论坛在贾汪举行。

2018 年 12 月 24 日，徐矿与矿大在中国矿业大学图书馆报告厅举行首届“徐矿奖学金”颁奖典礼。

2019 年 10 月，教育部批准成立“地下空间智能控制教育部工程研究中心”。

2020 年 6 月 19 日，2019 年“徐矿奖学金”颁奖典礼在中国煤炭科技博物馆一楼报告厅举行。

2020 年 10 月，江苏省科技厅批准徐矿集团成立“江苏省煤矿冲击地压防治工程技术研究中心”，中国矿业大学为重要合作单位。

2020 年 12 月 6 日，经国家人社部、全国博士后管委会批准，徐矿集团设立国家级博士后科研工作站，中国矿业大学为重要合作伙伴。

2020 年，徐矿集团本部向中国矿业大学教育捐赠 100 万。

2021 年 5 月 8 日，徐矿集团和中国矿业大学共同举办“徐矿奖学金”颁奖仪式，并就进一步加强校企协同发展进行友好洽谈。

2021 年 6 月 16 日，徐矿集团党委与中国矿业大学理论学习中心组举行联组学习会，刘波书记主持，围绕“胸怀‘国之大者’：百年党史中的中国矿业大学与煤炭工业发展历程及‘双碳’背景下的新时代新作为”主题进行学习交流。

2021 年“七一”前夕，徐矿集团在中国矿业大学南湖校区演播厅举办了“徐矿人永远跟党走”——庆祝中国共产党成立 100 周年文艺演出。

2021 年 12 月,江苏省发展改革委批准徐矿集团成立“江苏省煤炭碳中和工程研究中心”,中国矿业大学为重要合作单位。

2021 年,徐矿集团本部向中国矿业大学发展基金会公益捐赠 50 万。

2022 年 3 月 4 日,中国矿业大学刘波书记一行到徐矿集团调研,与徐矿集团就挖掘校企“精神富矿”、共育时代新人达成共识。

2022 年 3 月 10 日,中国矿业大学科研院组织教师赴徐矿集团开展储能领域产学研合作对接交流。

2022 年 7 月—8 月,中国矿业大学社科处到徐矿集团天山矿业公司现场调研。

参考文献

[1] 王铁崖.中外旧约章汇编[M].三联书店,1982.
[2] 薛世孝.中国煤炭工人运动史[M].河南人民出版社,1986.
[3] 薛世孝,薛毅.煤矿歌谣 [M].中国民间文艺出版社,1986.
[4] 薛毅.焦作煤矿史[M].河南人民出版社,1986.
[5] 董献吉.徐州百年大事记[M].复旦大学出版社,1989.
[6] 张国良,肖波.徐州煤炭志 (1882—1985)[M].中国矿业大学出版社,1991.
[7] 余明侠.徐州煤矿史[M].江苏古籍出版社,1991.
[8] 薛毅.英国福公司在中国[M].武汉大学出版社,1992.
[9] 薛毅.工矿泰斗孙越崎[M].中国文史出版社,1997.
[10] 谢端尧.中共徐州历史大事记[M].中共党史出版社,1999.
[11] 夏伯党.夏伯党煤矿机电设备故障排除法[M].中国矿业大学出版社,2004.
[12] 邹放鸣.中国矿业大学史(1909-2009)[M].中国矿业大学出版社,2009.
[13] 邹放鸣.中国矿业大学志(1909-2009)[M].中国矿业大学出版社,2009.
[14] 邹放鸣,丁三青.百年矿大演讲集萃[M].中国矿业大学出版社,2009.
[15] 邹放鸣,薛毅.百年矿大人物传略[M].中国矿业大学出版社,2009.
[16] 皇新海.天南地北创业徐矿人[M].中国矿业大学出版社,2012.
[17] 姜新.刘鸿生与徐州煤矿[J].中国矿业大学学报(社会科学版),2012 (03).

[18] 姜新.徐州近代煤矿发展述略(1882-1949)[J].中国矿业大学学报(社会科学版),2010 (02).
[19] 蔡世华.论基于场域差异化的中国大学组织文化价值取向特征[J].中国高教研究,2014(01).
[20] 胡恩燮.白下愚园集[M].南京出版社,2015.
[21] 史修永.乌金问道——煤矿作家访谈录[M].煤炭工业出版社,2017.
[22] 刘波,李礼,赵蓉.科教深度融合的人才培养模式探究与实践[J].煤炭高等教育,2019 (02).
[23] 邹放鸣.中国矿业先驱张广石[M].中国矿业大学出版社,2019.
[24] 周晓林,贾玲.中国矿业大学搬迁易名史料集萃(1909-2019)[M].中国矿业大学出版社,2019.
[25] 徐州矿务集团有限公司编.党建领航新徐矿[M].天津古籍出版社,2021.
[26] 徐州矿务集团有限公司编.徐州矿务集团志(1987-2012)[M].天津古籍出版社,2021.
[27] 沈和.百年徐矿:新发展理念的实践标杆[M].中共中央党校出版社,2021.
[28] 刘波.建好“生态雨林”,培养时代新人[J].中国高等教育,2022(08):15-17.